KB038881

4·16구술증언록 단원고 2학년 4반 제6권

그날을 말하다

웅기 엄마 윤옥희

이 도서의 국립중앙도서관 출판예정도서목록(CIP)은 서지정보유통지원시스템 홈페이지(http://seoji.nl.go.kr)와
국가자료공동목록시스템(http://www.nl.go.kr/kolisnet)에서 이용하실 수 있습니다.
CIP제어번호: CIP2019009418

4·16구술증언록 단원고 2학년 4반 제6권

그날을 말하다

웅기 엄마 윤옥희

4·16기억저장소 기획 편집
(사) 4·16세월호참사가족협의회 지원 협조

일러두기

1. 음절로 식별 가능한 소리를 들리는 대로 전사하는 것을 원칙으로 한다.

2. 의미를 파악하기 위해 추가 설명이 필요할 경우 [ ]로 표시한다.

3. 몸짓, 어조 등 비언어적 행위는 ( )로 표시한다.

4. 구술자가 말을 잇지 못해 말줄임표를 사용하는 경우 ……, …로 길고 짧음을 표시한다.

5. 비공개 영역은 〈비공개〉로 표시한다.

6. 비공개해야 하는 희생자 형제자매의 이름은 ○○, △△ 등의 도형기호로, 생존자의 이름은 A, B, C 등 알파
   벳 대문자로 표시한다.

7. 비공개해야 하는 제3자는 직분이나 소속, 성만 공개하고, 이름은 ××로 표시한다. 비공개해야 하는 숫자는
   자릿수에 상관없이 □로 표시하며, 지명은 □□로 표시한다.

　　4·16기억저장소에서는 세월호 참사 5주기를 맞아 구술증언 수
집 사업의 결과물 일부를 100권의 책으로 발간하게 되었습니다.
이 사업은 2015년 6월부터 다양한 학문 분야 구술 연구자들의 자
발적인 참여로 진행되어 왔으며, 세월호 참사를 좀 더 정확하고 다
각적으로 기록하고 기억하고자 하는 노력의 일환으로 수행되었습
니다.

　　2014년 참사 발생 이후, 참사 피해자들의 목격담과 경험은 안타
깝게도 공식적인 국가기관과 언론의 기록 속에서 철저히 소외되거
나 왜곡되었습니다. 그것은 세월호 참사가 우리에게 안긴 죽음과
고통의 충격만큼이나 우리 사회의 끔찍한 비극이었습니다. 따라서
사업을 진행하면서 세월호 참사 희생자 가족, 생존자, 생존자 가족,
어민, 잠수사, 활동가, 기자 등등, 참사의 초기 과정을 직접 경험한
분들의 증언을 우선적으로 수집했습니다. 구술자는 이 사업의 취

지와 방식에 개인적으로 동의한 분 중에서 선정했으며, 참여 과정에 어떠한 금전적 보상이나 이익이 제공되지 않았습니다. 또한 구술증언 수집 사업을 진행하는 동안, 면담자는 연구자이자 참사를 겪은 공동체 시민으로서 최대한 윤리적이고자 노력했습니다.

구술자마다 매회 약 2시간씩 3회를 원칙으로 음성 녹취와 영상 촬영을 하는 방식으로 진행되었고, 증언의 일관성을 확보하기 위해 면담자는 큰 틀에서 공통 질문지를 사용했습니다. 공통 질문지의 내용은 참사와 구술자 간의 관계성에 따라 차이가 있지만, 유가족 구술의 경우 1회차 '참사 이전의 삶, 팽목항과 진도에서의 경험, 자녀에 대한 기억'을, 2회차 '참사 이후 투쟁과 공동체 활동 경험'을, 3회차 '참사 이후 개인 및 가족이 경험한 삶의 변화와 깨달음, 자녀의 현재적 의미'를 중심으로 했습니다. 이처럼 증언 내용은 참사 이전에서 시작해 참사 발생 당시의 경험과 이후의 변화 과정까지 폭넓게 수집했고, 면담자는 구술 채록 과정에서 구술자의 발화를 최대한 존중하고자 했으며, 무엇보다 각자의 특수한 경험과 다른 시각을 충실히 반영하고자 했습니다.

이 구술증언록의 발간을 위해, 채록된 음성 자료는 문서로 변환해 구술자와 함께 검토했고, 현재 시점에서 공개할 수 있는 영역과 할 수 없는 영역으로 구별했습니다. 따라서 책에 실린 내용은 모두 구술자로부터 공개를 허락받은 부분입니다. 비공개 영역은 추후 구술자의 동의를 받아 적절한 절차를 거쳐 추가로 공개될 수 있으리라 생각합니다.

이 구술증언록 100권에는 그동안 우리 사회에 왜곡되어 알려지거나 잘 알려지지 않았던, 참사 발생 직후 팽목항과 진도 혹은 바다에서의 초기 상황에 관한 중요한 증언이 포함되어 있습니다. 또한, 자녀를 잃는 잔인하고 애통한 상황을 겪으면서도 그 누구보다 강인한 정치적 주체로 성장할 수밖에 없었던 유가족의 마음과 경험을 구체적으로, 그리고 여러 각도에서 살펴볼 수 있습니다. 그 외에도, 이 구술증언록은 2014년을 전후한 한국 사회의 여러 측면을 드러내는 귀중한 자료가 되리라고 생각합니다. 무엇보다 국내외의 많은 분이 이 책을 읽어, 장차 세월호 참사의 진상 규명과 역사 서술에 기여할 수 있기를 바랍니다.

구술증언 수집 사업이 진행되고, 책으로 출간되기까지 많은 분의 도움과 지지가 있었습니다. 이 지면을 빌려 부족하나마 감사의 말씀을 전하고자 합니다.

먼저 (사)4·16세월호참사가족협의회와 4·16기억저장소에 감사를 드립니다. 이분들의 신뢰와 적극적인 협조가 없었다면, 이 사업은 처음부터 시작할 수조차 없었을 것입니다. 또한 어려운 정치 환경 속에서도 사업의 취지에 공감해 재정 지원을 결정해 준 아름다운가게와 역사문제연구소에 감사드립니다. 두 단체 덕분에, 이 사업을 4년 동안 계속해 올 수 있었습니다. 그리고 구술증언록 100권의 발간에 동의하고, 바쁜 일정에도 출판 실무를 기꺼이 맡아주신 한울엠플러스(주)에도 감사를 드립니다. 이 외에도 많은 개인과 단체가 직간접적으로 많은 도움을 주시고 격려해 주셨습니다. 여기에 모두 밝히지 못하는 것을 죄송하게 생각합니다.

　말할 필요도 없이, 가장 크고 또 가슴 아픈 감사는 구술자 한 분한 분께 드리고자 합니다. 이 책이 발간될 수 있었던 것은, 무엇보다 용기를 내어 아픔과 고통의 기억을 다시 떠올리고 장시간 진심으로 이야기를 해주신 구술자가 있었기 때문입니다. 오랜 시간 이야기를 나누며 함께 공감하기도 했지만, 그 아픔과 고통을 어떻게 가늠할 수 있을까 싶습니다. 더 큰 도움이 되지 못함을 안타까워하며, 이 구술증언록 100권의 발간이 피해자분들에게 조금이라도 위로가 될 수 있기를 기원합니다.

2019년 4월

4·16기억저장소 구술팀 책임자
서울대학교 인류학과 교수 이현정

차례

■ 1회차 ■

■ 2회차 ■

■ 3회차 ■

웅기 엄마 윤옥희

구술자 윤옥희는 단원고 2학년 4반 고 김웅기의 엄마다. 세 아들 중 막내였던 웅기의 마지막 메시지 "사랑합니다, 여러분"은 사회문제에 별 관심이 없던 엄마의 삶을 완전히 뒤바꾸어 놓았다. 진도와 안산, 그리고 광화문과 목포를 오가며, 또 매듭과 리본을 만들며 엄마는 아들이 남겨준 숙제를 풀기 위해 오늘도 부지런히 활동하고 있다.

윤옥희의 구술 면담은 2016년 5월 3일, 5월 24일, 그리고 2019년 2월 18일, 3회에 걸쳐 총 5시간 동안 진행되었다. 면담자는 김향수·김익한, 촬영자는 김솔·강재성이었다.

구술자 본인의 프라이버시나 제3자의 프라이버시를 보호해야 할 부분을 제외하고는 구술자의 발화를 있는 그대로 전사했다.

1회차

2016년 5월 3일

1
시작 인사말

면담자   본 구술증언은 4·16 사건에 대한 참여자들의 경험과 기억을 기록으로 남김으로써 이후 진상 규명 및 역사 기술에 기여하고자 합니다. 지금부터 윤옥희 씨의 증언을 시작하겠습니다. 오늘은 2016년 5월 3일이며, 장소는 안산시 단원구 세승빌라입니다. 면담자는 김향수이며, 촬영자는 김솔입니다.

2
구술증언 참여 동기

면담자   오늘 구술증언에 참여하게 된 동기가 어떤 게 있으신지요?

웅기 엄마   사실은 지금 2년이 좀 넘은 시간에 가물가물하기도 해요. 몸이 그렇게 반응을 하는 건지 아니면, 그렇다가도 문득 또 바로 어제 일처럼 느껴지기도 하고. 자꾸 더 잊기 전에, 또 사실은 그동안 여러 군데서 많이 했었어요. 근데 그런 거에 대한 자꾸 기억을 되짚은 거에 대한 힘듦도 있었는데 또 하셔야 된다니까(웃음). 또 해야 되는 게 마땅하고요. 해야지요, 네.

면담자   이후에 이 구술증언 기록이 어떤 목적으로 사용됐으면 좋겠는지요?

웅기 엄마   그때 당시에 어떤 일이 있었는지, 왜 그렇게밖에 할 수 없었는지 그런 게 분명히 좀 밝혀졌으면 하는 바람입니다.

면담자   어려운 이야기 부탁드려 죄송하지만 저도 열심히 기록에 남기도록 하겠습니다.

3
4·16 이전의 삶

면담자   오늘은 4·16 이전 어머님의 삶에 대해서 여쭤보려고 하는데요. 어머니 고등학교 시절이라든지 언제 태어나셨는지 이런 것들이요.

웅기 엄마   저는 고향이 경기도 발안이에요. 멀지 않은 딱 경기도 근교에서 학교 다니고, 오빠들이 많아요. 제가 9남매의 막낸데 언니, 오빠들 손에 계속 컸죠. 그래 가지고 경기도에서 다 학교 다니고 결혼도 거기서 하고 아이도 거기서 낳고….

면담자   웅기와 다른 형제들의 나이 차이가 많이 나던데요.

웅기 엄마   네. 큰형은 스물아홉이고 웅기랑 지금 나이로 9살 차이 나고요. 작은형하고 7살 차이, 작은형아가 지금 스물일곱. 늦둥이로, 조금 늦둥이로 후반에 웅기를 낳았죠.

면담자   처음에 남편분과 어떻게 만나게 되신 거예요?

웅기 엄마   애기 아빠요? 중매로 만났어요, 저희가. 그 어머님이, 시어머님이셨죠. 시어머님께서, 제가 친정에 친척분이 그 동네에 살고 계셨어요, 미사리라는 [곳에]. 여름이면 거기 놀러 가고 방문하고 했었는데 거기서 시어머니셨던 분이 저를 찜하시고 "너는 얘랑 결혼해야 된다" [하셨지요]. 사실은 어렸어요, 애기 아빠도 어리고 저도 어리고⋯. 저는 한 번도 사회생활을 안 해봤어요. 그래 가지고 '그냥 어른들이 짝지어 주면 당연히 사는가 보다' [하고 생각했어요]. 참 시대에 맞지 않게 굉장히 순진하고 단순했어요. 그래서 애기 아빠도 마찬가지, 그래서 결혼을 [했다더라고요]. "너는 쟤랑 무조건 결혼해야 된다"[고] 어머님께서 그러셨대요.

면담자   시어머님은 어떤 부분이 마음에 들으셨던 건가요?

웅기 엄마   글쎄, 잘 모르겠어요(웃음).

면담자   며느릿감 하고 싶다는 게, 좀 참하고 이렇게.

웅기 엄마   사실 지금도 참하죠(웃음).

면담자   맞아요. 어머니 고우세요(웃음).

웅기 엄마   아니, 곱지는 않고요. 참하긴 한 것 같아요, 제가(웃음). 〈비공개〉

면담자   고등학교 졸업하시고 바로 중매로 결혼을 하신 건가요?

웅기 엄마	네. 집에서, 아니 그게 아니고 집안 살림을….
면담자	신부 수업을 하시다가….
웅기 엄마	네, 그런 거 조금 하다가 결혼을 했죠.
면담자	결혼해서 처음에는 발안 쪽에 사셨나요?

웅기 엄마　　아니, 결혼은 미사리, 서울 강동. (면담자 : 옆에?) 아니요, 그렇죠. 거기서 신혼생활 하면서 시댁이 미사리면서 거기가 주로 생활지였죠.

면담자　　아이들 어렸을 때, 키울 때 기억에 남는 일화 있으신가요?

웅기 엄마　　그냥 평범했어요. 정말로 평범했어요. 그냥 동네 애기 엄마들하고 잘, 또래 애기들 같이 키우면서 잘……. 오늘은 우리 집, 오늘은 너희 집, 주로 저희 집에서 저희 집이……. 그리고 저희가 주로, 모든 게, 양쪽 집안도 신앙인이고 동네 자체도 90프로가 신앙촌이고 놀이터가 성당이었어요. 대문 나가면 성당하고 이어져서 성당이 주 생활 놀이터 겸 생활공간 겸, 저도 무조건 다 성당 안에서 모든 게 이루어졌었죠. 신앙하고 연결된 자모회도 마찬가지고 성가대, 미사 또 뭐 봉사활동 다 신앙 안에서 성당에서. 그래서 아이들도 성당이 놀이터였었고, 신자이든 아니든 동네 아이들이 다……. 주로 저희 집에서 아이들은 간식 같은 거 해 먹이고 당연한 거처럼 그렇게 아이들 컸어요.

면담자   아이들이 좋아했을 것 같아요. 아무래도 엄마가 이렇게 챙겨주고 이런 것들을.

웅기 엄마   가끔 큰아들이 얘기하더라고요. 엄마가 맨날 성당 가서 성당 일만 해가지고, 웅기 낳아가지고 맨날 엄마한테 간다고 울면 웅기 데리고 이제. 대문하고 대문하고 맞붙어 있는, 밤이고 깜깜한 밤이고 뭐 내가, 웅기[가] 엄마 보러 가자고 [하면] 맨날 웅기 데리고 성당 가던 거 많이 생각난다고.

면담자   큰아들이 나이 차이가 있어서 동생을 잘 돌봐줬나 봐요.

웅기 엄마   네, 형아들이 참 많이 잘 돌봤죠. 보통 좀 커서는 부모 역할까지 했죠, 형아들이. 제가 또 그렇게 가르치기도 하고. 제가 옆에서 돌보질 못하니까, 또 아빠는 일하느라고 바쁘니까 "니가 집에서 엄마가 돼야 되고 아빠가 돼야 된다" 그런 부담을 좀 준 것도….

면담자   어머니 봉사활동도 하셨다고 했는데 어떤 봉사활동 하셨어요?

웅기 엄마   그냥 성당에서 빈센치오 활동이라고 순수한 봉사단체예요. 또 자모회, 성가대, 그냥 좀 웃기긴 하지. 우습긴 한, 봉사라는 말 자체가 저는 사실은 우습기는 한데 민망하기도 하고 크게 드러나게 한 건 없지만, 없어요.

면담자　　　　성당에서 자모회 일을 하는 것도 봉사잖아요.

웅기 엄마　　어쨌든 그 속에 우리 아이가 있고 또 주일학교 교사부터, 어쨌든 아주 시골은 아니지만 그래도 그쪽이 나름 시골이라 젊은 층이 없죠. 그래서 또래 엄마들하고 참 재밌게 정말 행복하게 잘 살았던 거 같아요.

면담자　　　　아이들이랑 같이 있었을 때 하루 일상은 어떠셨나요?

웅기 엄마　　아이들 일어나서 씻기고 입히고 아침 멕[먹]여서…. 웅기 같은 경우에는 초등학교 막 입학했을 때라, 어린이집 2년 보내고 초등학교 입학시켜서 학교 데려다주고 와서 집안일 좀 하면서 아이 올 때 기다리고 뭐 그냥 똑같았어요. 그리고 애들 오면 간식 만들었다가 멕이고. 저희 아이들이 가게 가는 거를, 마트 가는 거를 잘 몰랐어요. 저는 항상 아이들 간식거리를 집에서, 아이스크림 냉동실 같은 데 재워놓고 과자 같은 거 수납장에 재워놓고 언제 어디서든지 자기들이 먹을 수 있게…. 그다음에 집에서 아이들이 좋아하는 간식 만들어 멕이고 그런 거 굉장히 좋아했어요. 근데도 아이들이 남들이 이렇게 봤을 때 돈 주고 사 먹는 거 재밌을 것 같아서, 어떤 날은 그런 거 부러워하는 것 같아서 또 가끔 100원, 200원 주면서 "똑같이 한번 해봐라" 이런 거(웃음). 그렇게 그냥 똑같았어요. 〈비공개〉

면담자　　　　웅기 하늘로 보내기 전에는 주로 어떤 일을 하셨어요?

웅기 엄마   식당 설거지. 식당 설거지란다, 식당 서빙. 큰 식당 고깃집 같은 데 서빙하고 그다음에 장애인 활동보조인. 2006년도에 처음 국가에서 활동보조인이라는 제도 생기면서 교육을 받고 그거 좀 오래 해오면서, 오래 했죠. 그다음에 옷 가게도 하고 옷 장사도 해봤고. 이 일 터지기 직전에 요양보호사, 요양원에 근무를 했었어요.

면담자   활동보조나 요양보호사 같은 건 돌보는 일들이 많잖아요. 많이 힘드시지 않으셨나요, 다른 일도 힘드셨겠지만.

웅기 엄마   식품 회사도 잠깐 나가봤어요. 한 1년 다녔었는데 근데 적성인 거 같기도 하고, 이것도 교만인지 모르겠지만 '그런 마음 같았으면 아이들을 돌봐야지. 내가 다른 사람들한테 베푼다'고 하면 이것 참 교만인 거고요. 근데 이렇게 좋은 마음으로 다가서면 '우리 아이들도 누구한테 도움을 받겠지'(울음). 근데 사실은 제가 농담 삼아 우스갯소리로 그랬어요. "장애인 활동보조인이나 요양보호사 같은, 농담 삼아 돈도 벌고 남한테 봉사한다는 이미지도 좋게 보이고 좋잖아" 그렇게 농담 삼아 얘길 했는데. 제가 그냥 항상 누구한테 그렇게 착한 마음을 먹으면, 착한 마음 그건 아니고 정성스럽게 사람들한테 다가가면 '우리 아이들도 살면서 누구한테 이런 도움을 받겠지' 그런 생각 많이 했어요. 일이 힘들진 않았어요. 〈비공개〉

면담자   아이들 세례명이 특이하던데, 태어나자마자 바로…

[영세를 시켰나 보죠?]

웅기 엄마　　　네, 저희 양쪽 집안이 다 집안 대대로……. 또 거기
다가 흔히 천주교 신자들은 성인 후손 집안 저희 김씨, 저희 친정
쪽도 그렇고 시댁 쪽도 마찬가지고, 그 미사리에 구산에 가면 구산
성지라고 성인이 추대되신 분이 계세요. 김성우 안토니오 성인이
시라고 웅기 할아버지 집안이신 거죠. 그래서 옛날 교황 요한 바오
로 2세께서 오셨을 때 한국 성인 304명[한국 순교성인 103명]을 성인
으로 추대하셨잖아요. 거기 이제 다 성인들로 올라가서서 아이들
을 다 한국 성인으로 세례명을 지었죠. 큰아들 같은 경우는 할아버
지 이름을 고대로 따서 성우 안토니오, 둘째 아들은 우리나라 최초
의 신부님이신 대건 안드레아, 그다음에 우리 웅기는 김대건 신부
님의 아버님이신 제준 이냐시오 성인을 세례명으로 다, 셋 다 한국
성인으로….

면담자　　　세례명뿐 아니라 이름도 부모님들이 정하신 거예요,
아니면 어르신들이 정하신 건가요?

웅기 엄마　　　○○ 같은 경우에는 할아버지께서 지어주셨어요,
큰할아버지께서. 할아버지는 아이들 얼굴도 못 보시고 일찍 돌아
가셨기 때문에 저도 못 뵀고, 결혼 전에 일찍 돌아가셨기 때문에
큰집의 큰할아버지께서 지어주셨고. 둘째 △△랑 막내 웅기는 제
가 지었어요, 제가 옥편 찾아서.

면담자　　　이름 지었을 때 이런 아이가 되길 하는 바람이 있으

셨어요?

웅기 엄마   그렇죠. 〈비공개〉 둘째가 너무 순하고 착하고 여려
요, 지금까지도 그렇게…. 웅기 같은 경우에는 그래서 남자다워라,
셋째 아들은 좀 남성스러움을 가졌으면 하는 마음에 수컷 '웅[雄]'
자를 써서 웅기라고 제가 지었어요.

면담자   사진으로 보면 되게 순하게 보이던데요.

웅기 엄마   순해요. 〈비공개〉 걔가 법관이 되고 싶어 했었는데.
공부하고는 상관이 없잖아요, 꿈은(웃음). "참 도움이 되겠다, 저런
성격이, 냉철하면[서] 감정을 드러내지 않는" 그런 얘기를 큰형하고
주고받은 적도 많아요.

면담자   그런 성격이라고 느꼈던 일화라든지 그런 게 있으신
가요?

웅기 엄마   글쎄, 그냥 항상 일상에서 보여줬지, 특별히 그렇게
뭐 어떤 계기는 없었던 거 같애. 두드러지게 보여줬던 적은 없어요.

4
참사 전 교육관, 정치관

면담자   아이들 키우면서 강조했던 얘기들이 있으신가요?

웅기 엄마   그냥 항상 "친구들 많이 사귀어라". 그리고 형아들한

테는 이제 성인이 됐으니까 이성도 사귈 것이고, 큰애 어렸을 때부터 유치원 다닐 때 초등학교 다닐 때는 아이들이 왜 요즘 애들이 뭐 좀 장애가 있거든 좀 처지는 애들 있으면 왕따들 시키잖아요. "너희들은 절대 그러면 안 된다. 돕지는 못할망정 같이 그런 데에 일원이 되서는 안 된다" 이렇게 얘기하면서.

그러고 제일 강조했던 게 "니가 정말 잘못한 게 아니라면 니가 정말 당당하다면 정말 니가 옳다고 생각하는 거는, 니가 이 자리에서 맞아 죽어도 너는 끝까지 옳다고 해야 된다" 항상 그렇게 강조를 했어요. "형아들이고 윗사람이고 예의는 지키되 절대로 비굴하게 옳지 못한 거에 대해서 그렇게 하면 안 된다". 그리고 이성 친구 사귈 때도 "많은 친구 사귀어라. 이성이든 동성이든지". 그런데 "언제 어디서든 헤어지더라도 길 가다가 '안녕, 잘 지내니?' 이렇게 인사할 수 있을 만큼 헤어짐에도 그런 관계를 유지하고 헤어져라" 항상 그랬죠.

면담자   정의감을 가지라는 말이 쉽게 해줄 수 있는 말은 아니잖아요. 강조하셨던 이유가 무엇인가요?

웅기 엄마   그게 아마 모르겠어요. 그냥 자연스럽게 아마 배워져서 제 스스로 인식되지 않았나. 그렇게 살아야죠, 모든 사람들이. 그게 당연한 거잖아요(웃음).

면담자   당연한 건데 대부분 "공부 열심히 해라" 이런 얘기하지요.

웅기 엄마　　　저는 공부 열심히 하란 소리는 안 했어요. 제가 "학교 숙제 했니?" 했으면 "했구나" 그러면 검사하고 학원 보내고 그런 건 [했지요]. 근데 아이들이 배우고 싶어 한다는 거는 쉽게 시키지는 않지만 정말 하고 싶어서 "정말 할래? 할 수 있어? 정말 니가 끝까지 책임감 가지고 할 수 있어?" 이렇게 확인을 해가면서 한번 시켜줬고. 근데 "공부를 열심히 해라" 소리는 한 적이 없어요. 근데 웅기한테만큼은 한두 번 정도는 했을 것 같아요. 〈비공개〉 근데 제가 둘째도 그러고, 학원 보내고 숙제하고 혼나도 자기 몫인 거 같아요. 매를 맞아도 얘네, 숙제 안 하고 매 맞아도 '니가 그 매 맞아서 아프면 그다음에 니가 알아서 해가겠지' 맞아도 견딜 만하면 '니가 또 안 해갈 거고 알아서 그건 니 몫이야' 그렇게 자연스럽게 길렀었어요. 〈비공개〉

면담자　　　아들들이 여자 친구 데려오면 어떠세요?

웅기 엄마　　　'다 컸구나' 흐뭇하기도 하고 자연스러운 순리라고 자연스럽게. 그래서 아이들도 여자 친구 생겼으면 "엄마, 나 여자 친구 있어요. 여자 친구 생겼어" 그러고 자연스럽게 인사시키기도 하고 항상 그랬어요.

면담자　　　어머니 이전에 투표는 하신 편이었는지요?

웅기 엄마　　　한창 살기 힘들 때는 안 했죠. 별로 관심이 없었죠. 사회문제, 정치문제 관심은 없었고 대선 때 한 번 했던 것 같아요. 지난 대선에 했었고 요번에 해서.

면담자   이전에 세상 돌아가는 일이나 입시에 대한 정보들은 어떤 식으로 얻으셨나요?

웅기 엄마   큰애 같은 경우에는 유학을 한 2년 보냈었어요, 중학교 1학년 때. 그때 당시에는 '갔다 오면 뭐래도 하나 더 배워오겠지' 그러고, 아이들한테 저는 세상 경험을 많이 하라고 여행 같은 것도 많이 하라고 항상 그랬어요. 기회가 된다면 또 여유가 된다면 여행 많이 다니고 많은 세상을 보게 하고 많은 사람들을 부딪치면서 겪어보게 하고 싶었어요. '거기서 분명히 배우는 게 더 많을 거다. 학교라는 정해진 틀 안에서보다는' [하고 생각했어요]. 그래서 큰아들을 유학을 보냈었는데…, 어쨌든 학업을 끝까지 다 마치지 못하고 2년 만에 들어왔죠, 본인이 못 하겠다고 하니까. 그리고 그런 선택권을 아이들한테….

면담자   아까 선택권을.

웅기 엄마   네, 아이들한테. 큰아이 같은 경우에는 굉장히 자기 주도적이었어요. 근데 밑에 두 작은아이들 같은 경우에는 굉장히 성격이 의존적인, 그니까 웅기까지는 그렇지는 않았는데 둘째 아들은 특히 그래서 뭐든지 만들어주고 마련해 주고 그런 성격이었어요, 소심한. 그래서 선택해야 될 일에는 본인들이 스스로 선택하게 하고. 그래서 제가 별로 크게 아이들 가르치는 데에, 또 뭐 이런 데에 크게 결정을 하고 "무조건 해" 이렇게 해본 적이 없어요.

면담자   유학 가겠다는 거는 큰아들이.

웅기 엄마　　그때는 그쪽에 어떻게 계기가 됐었어요. 그래서 '보내면 좋겠다, 가서 그렇게 하고 왔으면 좋겠다' 그래서 보내게 됐죠. 본인도 처음에는, 중학교 1학년이면 어렸죠. 지금 생각하면 굉장히 어렸었는데 3형제의 맏이로 계속 커왔기 때문에 밑에 동생들이 있었기 때문에 제가 굉장히 큰 아이로 본 거예요. 그래서 그냥 보냈는데 가기 싫다고 이런 건 아니었어서. 지금 생각하면 무슨 해외여행 가는 것쯤으로 생각하고 갔겠죠.

면담자　　유학은 어디로 갔었나요?

웅기 엄마　　남아프리카공화국으로…. 그래서 지금은 힘들은[힘들었던] 건 힘들은[힘들었던] 거고, 지가 그래요. "힘든 건 힘든 거였고, 또 좋았던 게 더 많은 것 같다"고. 자기가 "거기서 많이 느끼고 자기 스스로 배워왔다"고 얘기를 하더라고요. 너무 좋은 경험이었다고….

면담자　　되게 용감하신 것 같아요. 아이를 유학 보내는 거 자체가 쉽지 않잖아요.

웅기 엄마　　네. 근데 잘 갔다 온 거 같아요. 특별히 스펙에 도움이 되는 건 없지만….

면담자　　어머니, 그때 정보나 이런 거는 주변에서 얻으셨나요?

웅기 엄마　　네, 주변에…. 걔 교육에 대해서는 유학 보낸 거 말고는 제가 크게 아이들 가르치는 거에 대해서는 주도적으로 나서

서 한 건 없었던 거 같아요. 주변에 어떤 분이 그쪽으로 이민을 가
시면서 홈스테이를 하신다고 하시더라고. 그래서 이런 좋은 기회
가, 아이들은 어리니까 누구한테 맡길 수도 없고 언어 통하지도 않
는데 현지인한테 맡길 수도 없고, 아는 분이었고 그래서 맡길 수
있는 좋은 기회가 됐었죠.

5
수학여행 날부터 진도로 내려가기까지

면담자   참사에 대해서는 어떻게 들으셨어요?

웅기 엄마   〈비공개〉 9시 좀 넘어서 큰형한테 전화가 왔어요.
○○가 "엄마". 그 전날 [웅기는 수학]여행을 떠났겠죠…, "엄마, 웅
기가 여행 간 데에서", "어". 나는 시간으로 계산해서 '어제 저녁에
배가 출항을 했으면 지금쯤 제주도에 도착을 했겠구나' 그런 생각
을 하고 있었는데, 전화해 볼 생각은 못 했었고 형한테 전화가 왔
어요, 9시 좀 넘어서. 웅기한테 문자가 왔대. "엄마, 웅기한테 문자
가 왔는데 배가 뭐에 부딪혔대. 뭐에 부딪혔는데 조금 뭐 그런가
봐. 근데 경찰 해경이 오고 그랬대" 그래서 제가 "그래?" 그랬더니
"데이터가 잘 안 터진대" 이래요.

큰형이 그때 □□백화점 출근할 때였는데 출근을 늦게 하는 날
이 있어요, 일주일에 10시까지. 보통 일찍 출근하는데 그날은 한

번씩 돌아가면서 좀 더 쉬었다 오라고 출근을 늦게 하는 날이었어요, 걔도. "너는 뭐해?" 그랬더니 "나 지금 출근하는 중이야" 이러더라고요. 그래서 "어 그래, 별일 없겠지?" [하니까] "엄마, 별일 없을 거야. 별일은 아닌 것 같애" 하고, [웅기가] 해경이 와서 시키는 대로 잘하고 있어" 하고 문자를 보냈다고 하더라고요. "그래, 알았어" 그리고 끊었어요. 근데 계속 전화하니까 전화를 안 받아요, 웅기가. 문자를, 카톡[카카오톡]을 했어요. 카톡도 확인을 안 해요. '데이터가 안 터진다더니 그런가 보다' 그렇게만 생각을 한 거죠.

근데 느낌이 뭔가 쎄[싸]하더라고요. 5분도 안 됐는데, 5분 10분도 안 됐는데 텔레비전을 틀고 채널 돌리는데 지상파에선 하나도 아무것도 안 나와요. 그래서 저기 뭐야 종편[종합편성채널]으로 여기 저기 막 돌리니까 YTN인가 어디선가 속보가 크게 뜨는 거예요. 제주도로 가던 여객선 사고로 뭐라고 뭐라고 뜨더라고요, 크게. '아 차' 싶더라고요. 그래 가지고 그때 집에 오빠가 있었었거든요. 차를 빨리 렌트를…, 차가 없었어요. 차를 폐차시켰었어요. [오빠한테] "차를 렌트를 해라. 안산으로 가야 되겠다. 학교로 가야 되겠다, 어떻게 됐는지" [하고 부탁을 했어요]. 학교도 전화가 안 되고 애기한테도 전화해도 안 되고, 그 와중에 10분이나 돼서 짐을 챙겨가지고, 짐이라고 없죠. 휴대폰 충전기만 넣은 거죠. 가방에다 휴대폰 충전기 넣고 지갑 넣고 전화기만 넣고 차 렌트해서 오고선, 큰아들한테 다시 전화해서 "속보가 뜬다. 너 먼저, 엄마 지금 가는 길이니까 이제 출발했으니까 너도 학교로 먼저 가야 돼". 큰아이는 "엄마 뭐 하러 오냐"고.

그리고 큰아들이 그때 독립한다고 아빠한테서 그 전날 집을 알아보려고 계속 여기…. "가는 길에 니 집도 알아보고 할 테니까, 엄마 오늘 휴무라서 겸사겸사해서 빨리 가서 집도 알아볼 테니까 너 먼저 학교 좀 가 있어라. 가서 알아봐라, 전화도 안 된다". 그리고 오는 도중에 출발한 지 한 30분 됐나, 속보가 아니 문자가 오더라고요. "전원 구조", "전원 구조", "전원 구조" 세 번이나 문자가 오더라고요. '아유, 그런 거겠지. 별일 아니[겠지]. 그리고 나간 김에 ○○ 집이라도 알아보[고], 어차피 집을 얻어야 되는 상황이니까 집을 봐야 되니까 방 봐야 되니까 가자고 그래서 왔어요.

학교 오니까 큰아들 와 있더라고요, 강당에. 수백 명이 난리가 났어요. 그래 "어떻게 된 거니?" 했더니 강당 저 앞에, 우리가 맨 뒤에 있었는데 뒷면에 전 학생 명단이 있었는데 형광펜으로 몇 명이 열댓 명이 체크가 돼 있어요. "얘네들만 확인이 안 되는 애들이래" 이래요. "어, 그래? 얘네들만 확인이 안 되는 거야?" 근데 분위기 봐 가지곤 난리가 나고 아닌 것 같아요. 그래서 제가 교무실로 쫓아 내려갔어요, 행정실로. "문자 이거 보낸 사람이 누구냐"고. 문자 확인해서 자기네가 확인을 하고서는 학부모한테 보냈을 거 아니에요. 어디선가 얘기를 들었으니까. 그러더니 서로 모른대, 서로 안 보냈대. 학교 행정실도 난리버거진[난리바가진] 거죠. 거기서도 또 명단이 체크가 되니 안 되니, 있는 애니 없는 애니, 생사 확인이 되니 안 되니 이렇게. "아니, 이거 보낸 사람 있잖냐"고 "여기 단원고에서 보내지 않았냐'고 제가 문자를 보여줬더니, "죄송합니다, 모릅니다" 막 이래. 그래서 다시 올라와서 [큰아이에게] "엄마 진도 내려가야 되겠다" 그랬더니 버스 한 대가 벌써 출발을 했대요, 좀 전에. 그래서 버스 대절하라고 사람들이 막 난리 치는데 그 버스에 저도 탔어요, 한 차 출발하고 그다음에 탄 거죠.

오빠는 이제 자기 학교에서 분위기 봐서 자기가 연락을 주겠다고 학교에 남고 저 혼자 간 거예요. ○○한테는, 큰아들한테는 "엄마가 일단 내려갈 테니까 너는 일단 회사 출근했다가 백화점 갔다가 하여튼 연락 주고받자" 그러고 갔죠. 가는 도중에 한 대가 출발했는데 또 간다는 사람들이 많으니까 버스 두 대를 더 대절해서 뒤에 올 때까지 기다렸어요. 우리 먼저 출발하다가 가다 말고 어딘지 한 10분, 15분 더 기다렸어요, 그 두 대 채워서. 그래서 세 대가 아마 그때 내려갔어요. 세 대가 내려가는 도중에 학교에 있는 오빠한테 전화가 오더라고요. "텔레비전 화면에 4반 담임이 나왔어. 10반 담임하고 나와서 인터뷰해" 그러는 거예요. "그러니까 애들 어딘가에 있을 거야. 10반 담임하고 둘이서 뛰어나왔대. 그러니까 애들, 담임이 나왔는데 애들 어디 있겠지. 애들도 다 나왔을 거야" [그러더라고요], 명단이 확인이 안 되는 거[일 뿐이]라고.

진도 도착하는 순간까지, 순간이 아니지, 거기서 2, 3일 동안도, 도착해서 그다음 날까지도, 섬이 많다니까 섬에서 애들이 구조를 [구조돼서 기다리고 있는데], 이 배, 저 배, 해경이고 어선이고 해서 애들이 취합이 안 되는 줄 알았어요. 내 옆에 그때 같이 탔던 수빈이 엄마 같이 타고 갔었는데 그땐 몰랐죠, 누군지. 그 사람은 7반 수빈이 엄만데 "아이가 생존했다"는 연락을 받고 옷 들고 내려가는 거라고 하더라고요, 개인적으로 연락을 받았다고. 그런 경우는, 우리들은 저는 내려가면서 어쨌든 연락이 안 되니까 계속 울고 그 엄마는 자기 애기는 생존했다 연락받았으니까 "괜찮을 거예요, 어딘가 있을 거예요, 어머니" 이랬죠. 그런데 또 가면서 너무 전화가, 연락이 몰려서 취합이 안 되는 거라고 생각을 하고.

포항에 잠수사 친구가 있어요. 아는 동생인데 잠수사예요, 민간 잠수사. "야, 너 그쪽에 진도 쪽에 아는 친구들 있으면 연락을 해봐라. 애기 이름이 확인이 안 된다. 분명히 어디에 있을 텐데. 니가 빨리 그쪽으로 연락을 해서 그쪽에 아는 사람이 있으면 명단을 좀 확보를 해라" 했더니 "예, 알았어요. 형수, 알았어요" 이래. 근데 한 30분 있다가 전화가 왔어요. "형아, 아니 형수야. 저기 동해에서 특전사고 UDT[해군 특수전전단]고 다 출발했다 그니까 걱정 안 해도 될 거예요" 이래요. 친구들이 다 그런 데 있는 친구들이거든요. 다 출발했다 그래 가지고 "진즉에 출발해서 2시간 반이면 도착하니까 조금만 기다려봐요" 이래요. 알았다고 그리고 진도 내려갔죠.

내려가서 보니까 뭐 난리버거지[난리바가지]죠. 학생들은 없고 일반인 생존자들 체육관 바닥에 깔판 하나씩 깔고 시퍼런 봉다리에 젖은 옷들, 적십자에서 준 건지 마른 옷들 갈아입고 양말도 안 신고 맨발에, 신발도 안 신고 맨발에 대충 준 옷 갈아입고, 젖은 옷 보따리 이렇게 놓고 앉아서. 그때 두 명인가, 어떤 아저씨 두 명인가 세 명하고 막 그런 얘기 했어요. 애기 찾다가 없어 가지고, "어떻게 된 거냐"고 그랬더니 배가 왜 부딪혀서, 하여튼 그래서 급작스럽게 [침몰해서] 자기네들 "수영 쳐서 올라왔다"는 거야. 자기도 학생들 몇 명, 근데 창문 있는 데 물이 차서 이렇게 올라와가 물이 들어오니까 거길 수영을 쳐서 나가야 되는데 아이들이 무서워서 물을 피하지. 자꾸 안으로만 더 들어가지, 저리 나가야지만 살 수 있는데, 자기도 하다 하다 더 이상 안 돼가지고 자기도 "죽을 것 같아서 자기는 나왔다"고 이런 얘기를 하더라고, 일반인 생존자가.

그래 가지고 체육관에서 담임선생을 찾았죠. 담임선생을 찾았더니 전부 다 모른대요. 그런 선생 없대요. "조금 전에 얼마 전에 한 2시간 전에 생존해 가지고 10반 선생하고 나왔다고 인터뷰까지 해놓고 왜 없다 그러냐"고, "선생 어디 있냐"고 그랬더니 자기네 김××선생님이라고 모른대요. 또 선생님들이 앞 차로 미리 내려온 선생님들이 전부 다 주저주저하고 이러더라고요. "조금 전에 얼마 전에 나왔지 않냐고 생존해서, 같은 학교[에서] 왜 모르냐"고 그랬더니, 거기 진도, 학교 관계자는 아닌 것 같고 몰라요, 누군지는. 하여튼 "아, 예, 예. 여기 있습니다" 그러면서 막 뒤지더니 병원 보낸 저긴[명단인]가 봐요. 한국병원으로 갔다고 얘기를 하더라고요. 한국병원에 전활 했어요. "누구냐" 그래서 학부형이라 그랬더니 없다고 딱 잡아떼더라고요. "부모가 데리고 서울 올라갔다"고…. 체육관은 뭐 전쟁터고 거기서 또 안 되겠다 싶어서 팽목으로, 거기서 더 가까운 데 애들이 팽목으로 들어온다니까 팽목이란 소릴 거기서 들어서 "팽목이라는 항에 가자"고 다들 그래 가지고 팽목으로 나가죠. 거기는 휑하고 아무것도 없고… 춥기는 엄청 춥고 깜깜한 밤이라 아무것도 없고. 추워서 벌벌 떨고 있으니까 어디서 나왔는지 담요 한 장씩 뒤집어씌워 주더라고요. 들어오는 배도 아무것도 없고…. 아빠는 혼자 첫차로 내려와서 거기 어딘가 있었던 것 같더라고요. 그래서 저는 체육관으로 다시 왔죠(침묵). 14일 동안 거기서 그렇게 있었던 거죠.

6
진도체육관 상황

면담자　　　체육관에 계셨을 때 주변에 함께 계셨던 분이나 브리핑하는 상황 등 기억에 남는 일화가 있으신지요?

웅기 엄마　　브리핑은 매일 있었어요. 처음에 이삼 일은 없었죠. 그때 처음에 바로 나온 아이들은, 주머니나 이런 데에 [소지품이] 있는 아이들이면 부모님들한테 바로 연락이 가가지고 [확인했어요]. 체육관은 진짜 발을 못 펼 정도로 사람들이 빡빡했어요. 그런데 어느 순간 전화받은 엄마들이 쓰러지고 대성통곡하고…. 그러면 우리는 '애기가 잘못됐구나' [하고 추측하는 거죠]. 그런 식으로 한 이틀은… 전화를 받으면 아이가 잘못됐다는 걸 아는 거죠. 전화받고 나간 부모님들은 다시 안 돌아오니까. 한 이틀은 '왜 섬에서 인원 취합이 안 되나? 섬에 있다는 애들이 얼마나 머뭇거리길래 들어와야 하는 아이들이 안 들어오나?'고 생각했던 것 같아요. 그때 그런 식으로 연락받아서 나가면 '잘못됐구나…' [하고만 생각했어요]. 그래서 한 이틀은 전화가 올까 봐 무서웠던 거죠….

몇몇 얼굴은 기억나긴 하는데, 모르겠어요. 해수부 직원인지 해경 청장인지 뭐 뭐라고 하는 사람들이 있긴 했는데, 우리가 "어떻게 되고 있는지 제대로 브리핑을 해라" 하고 요구했죠. 그래서 두 시간 간격으로 며칠 동안 계속 브리핑한 적도 있어요. 근데 브리핑할 때도 계속 "지금 하고 있다, 열심히 하고 있다, 몇백 명이 투입됐다"고 하니까 그때는 계속 그렇게 믿고 있었던 거죠. 그리고 맨날 싸움이 나고… 맨날 싸움이 났어요. 가족이 맞는지도 모르겠지만 분위기 험하게 조성하는 그런 사람들이 있었어요. 또 그때 당시에도 구조를 안 한다는 말이 많았잖아요. 근데 부모님들은 그런 걸 믿고 싶지가 않았던 거예요. 누군가가 "구조 작업을 안 하고 있다"고 그러면 부모님들은 "열심히 하고 있다는데 너는 뭔데 그렇게 얘기하냐"고 [했어요]. 우리는 그걸 믿고 싶지 않았던 거죠. "왜 자꾸 그런 나쁜 소문을 퍼뜨려서 구조하는 사람들 기운 빠지게 하냐"고 싸우고…. 지옥이었던 것 같아요. 그때가 진짜 지옥이었어요.

면담자 대통령이 체육관에 왔을 때는 기억나시나요?

웅기 엄마 네, 그때 체육관에 왔었어요. 그때 제일 기억나는 게 혁규 동생… 그 여자아이. 그 아이가 병원에 입원해 있었는데, 박근혜 대통령 온다고 고모가 걔를 데리고 체육관에 미리 와 있었던 거예요. 박근혜가 그 아이랑 만나는 사진을 찍기 위해서 관계자들이 걔를 체육관으로 데리고 온 거죠, 고모한테 얘기해서. 그때도 난리였어요. "대통령이 오면 오는 거지, 왜 그 어린 애기를 일부러 병원에서 퇴원시켜 가지고 여기까지 박근혜 대통령을 만나러 오게 하냐, 그 사진 찍기 위해서"라고 그때 당시에도 그런 얘기를 했었어요. 근데 뭐 그 가족이 결정한 일이니까 뭐라 할 수는 없고.

그리고 누군지는 모르겠는데 한 아버님이 대통령한테 "정말 구조에 최선을 다해주세요. 제발 우리 애들 구해주세요" 그러니까 [대통령이] "네, 네, 네, 네. 노력하고 있습니다. 최선을 다하고 있습니다"라고 했어요. 그래서 "최선을 다하는 게 어떻게 하는 건지 보여달라", "저 사람들한테 명령을 해주세요"라고 그랬더니, 대통령이 (고개를 돌리고 말투를 흉내 내며) "최선을 다하고 계시는 거죠? 열심히 하고 계시는 거지요?"래요. 그러고 있으니까 당신은 최고 통수권자다, 그렇게 말하지 말고 명령을 하라고 (목소리를 높여서) "명령을 하세요! 부탁을 하지 말고 명령을 하시라고요!" 그랬더니 (다시 고개를 돌리고 말투를 흉내 내며) "그렇게 하세요" 그러고 말았어요. 그리고 불편한 게 뭐냐고 물어서 구조 상황을 모니터로 확인할 수 있게 하라고 얘기했어요. 그때 "구조를 안 하고 있다는 말이 돌고 하니까 구조 상황을 우리가 볼 수 있게 해달라"고. 그러니까 대통령이 왔다 간 다음에 그제야 텔레비전 들여놓고. 그다음부터는 깔판부터 달라지더라고요. 깔판 바닥에 돗자리, 그러면서 다들 그러지, "대통령 왔다 간 다음엔 뭐가 좀 달라졌느냐?" 구호물자가 달라지더라고요. 뭐 이불서, 이불이 싹 바뀌었고 그땐 담요였어요, 담요. 담요였고 [바닥에 까는 것은] 얇디얇은, 그냥 그 두르르 피는 은박지였는데 깔판들이 바뀌기 시작하고 이불이 어마어마하게 들어오고 엄청난 구호물자가 그때 전국적으로 엄청 들어오더라고요. '이런 게 달라지는 거구나'…….

면담자   브리핑하는 모습이나 대통령이 와서 이야기하는 모습을 보셨을 때 받았던 느낌은 어땠어요?

웅기 엄마   관계자들은 어떻게든 대통령 비위에 맞춰서, '저렇게 그냥 옆에서 그냥 절절매고만 있구나' [싶었지요]. 근데 대통령이 '저게 대통령인가' 싶었어요. 처음에는 그 사람, 대통령이 현장에를 헬기 타고 한 번 나갔다 온 걸로 내가 알고 있어요, 그때 당시. 근데 우리가 "대통령을 만나야 된다, 대통령은 [팽목만 들렀다가] 올라간다 [하더라]". [우리는 대통령을] 만나야 되니까 [강력하게 요청을 해서]. 대통령이 온 걸로 제가 기억이 나요, 체육관으로. 현장에 왔다 그냥 갈 생각이었는데 가족들이 가만 안 있을 것 같고 "대통령 만나야 된다, 올라간다" 막 이런 얘기 나오니까 대통령이 체육관으로 온 것 같아요, 그 당시에. 그리고 대통령이 그때 당시만 해도 진짜 제가 봐도 정말 자신감 있게 "정말 열심히 구조하고 있습니다. 정말 죄송합니다, 최선을 다하고 있습니다" 이렇게 하는 게 아니라 "네, 네". 누구한테 그렇게 절절매는 건지, "그렇죠. 네, 네", "열심히 하려고 하고 있습니다", "열심히 하고 있답니다", "최선을 다하고 있습니다", "하겠답니다"[라고만 말했어요].

　　오죽[하면] 가족 입에서 그런 얘기가 나오냐고요, 명령을 하라고. "명령을 하시라고요" 이랬더니 그제야 "네, 알겠습니다. 하세요". 기가 차고 한심하더라고요, 그게 대통령인가 싶어서. 근데 그때까지만 해도 아이들이 이렇게 많이 잘못될 거라고 생각을 못 했고 아이들이 구조될 거라고, 어딘가에 있어서 지금 취합이 안 되는 거라고만 생각을 했었어요. 그다음 날 이틀, 삼 일 되는데 '섬이 얼마나 많이 떨어져 있어' 그 생각도 [들었어요]. 거기서도 항상 큰아들하고 얘기[한 게] 어디 무인도에, 섬이 조그만 섬들 많다니까 "배가 못 들어가는 무인도 같은 데 가서라도, 가서 있었으면 좋겠다". 그런 데라도 있을 줄 알았어요.

면담자　　큰아드님은 계속 왔다 갔다 하셨나요?

웅기 엄마　　아니요. 그다음 날 내려왔어요. 그리고 둘째 아들은 내려와서, 조금 더 늦게 내려와서 팽목에서 아빠랑 계속 있었고. 체육관에서 큰아들하고 저하고 있었고…. 처음에는 "지금 어떻게 진행이 되고 있고 어떻게 되고 있다" 아니면 "그 배에서 여학생 시신 한 구가 왔다", "뭐 몇 구가 왔다", "여학생 몇 명 나왔고 남학생 몇 명 나왔다" 이러면 체육관으로 먼저 연락이 왔어요. 그럼 모니터에 뜨거나, 확인이 되는 애들은 직접 부모한테 연락이 가고 확인이 안 되는 아이들은 모니터에 떠요. 한 일주일 정도는 체육관이

총사무실이었던 거 같아요. 팽목은 파출소장이 그때 총지휘, 지휘관이라고 했어요. 그때는 파출소장이 그쪽 지구댄지 파출손지 기도 안 차는 상황이었어요. 팽목항에는 그러면 이제 "애기가 나왔다, 남학생이 몇 명 들어온다", "2시간 후에 팽목항에 도착한단다", "한두 시간 후에 도착한단다" 이러면 팽목으로 전화 걸어서 아빠랑 둘째 아들한테 "좀 이따 배가 도착한다니까 몇 시쯤에 도착한다니까 확인하라" 이렇게 연락을 줬었어요.

면담자   팽목에는 그러면 상황판이 없었고요?

웅기 엄마   그렇죠. 한 일주일 정도 그랬을 거예요, 초기에.

면담자   그런 연락 말고 팽목에서 둘째 아들이나 아버님이 다른 이야기 전해주신 거는 없으세요?

웅기 엄마   그쪽에서 먼저 들어오는 거는 없었어요, 그때 당시.

면담자   그사이에 체육관에서 같이 계셨던 분들 중에 혹시 기억에 남는 분들이 있으신가요?

웅기 엄마   아까 버스 타고 내려가면서 수빈이 엄마라고 있었다 그랬죠. 체육관에 수빈이 엄마, 근데 제가 팽목에 나갔다가 새벽 2시에 들어왔는데 이렇게 앉으려고, 구석 비비고 빈자리 앉으라고 [앉으려고] 보니까 수빈이네 엄마가 있는 거예요. "아니, 어머니 왜 여기 계세요?" 그랬더니 막 우는 거예요. (울먹이며) 생존 연락 했다는 거 받고 내려왔는데 병원 여기저기, "여기 가라, 저기 가라" 해서 "병원 다 찾아봤는데 애가 없다"는 거예요, 애가 없다는 거야. (울먹이며) 거기 앉아 있더라고요. 그래서 "그래도 생존했다는 연락을 받았고 엄마는 내려왔으니까 분명히 어딘가 있을 테니까 같이 기다려보자"고 그러고 얘기하고 [했어요]. 수빈이네가 [저희보다] 좀 먼저 [안산으로] 올라가[고], 그 일주일 새에 절반이 빠졌어요.

일주일 새에 절반이 빠지고 그다음에 자리가 약간씩 넉넉해지면서 이런저런 이불 먼지 때문에 피부가 뒤집어져 가지고 난리도 아니었어요. 2층 계단 있는 쪽으로 옮겼었어요. 근데 지금 그 엄마, 아빠를 보질 못하겠어요. 따님만 두 분 됐다고 했는데 따님 한 명을 3년 전에 잃었다고 하더라고요. 심장에 이상이 있어서 수술을 받고 다 컸는[큰] 거죠. 잃었는데 둘째 딸마저…. 그 엄마가 마지막[까지] 잊혀지지 않아요. 우리보다 먼저 애기가 돌아와서 갔는데 누구 이름을[인지] 기억도 안 나는데, "언니 나는", 그렇게 거기서 처음으로 얘기를 나눴던 게 그 엄마예요. "언니 나는 우리 누구 나오면 나 금방 알 수 있어" 그때만 해도 벌써 너무 신원 확인이 안 되니까 힘들게 가족을 찾을 때죠. 열흘 넘었을 때니까. 그 전날 여행 간다고 발톱에다가 패디큐어[발톱 손질]를 빨간색으로 칠했다고 하더라고요, 무덤덤하게. 그 아빠는 첫딸을 그렇게 잃고 사업 때문에 중간에 올라갔, 내려왔는데도 다혈질이라서 성질이 나서 끝났다고 막 소리 지르면서 그냥 "다 끝난 거"라고 이러면서 일찌감치 포기를 하시더라고요.

근데 애기가 정말 나왔는데 발톱에, 그 모니터에 인상착의가

딱 뜨는 순간 엄마가 이렇게 딱 이래, "아휴, 언니, 우리 애기 왔네요". [저는] 보통 엄마들같이 다 [그럴 거라고] 생각하고 있었던 거예요. "에휴, 왔어요". 보통 엄마들 같으면 그냥 막 이렇게 들고 뛰거든요. 근데 그 엄마는 모니터 보자마자 가서 확인하는 게 아니라 주섬주섬 짐을 챙기더라고요. 주섬주섬 챙기더니 그 자리 깨끗하게 정리하고 가더니 그날로 끝이에요. 그 엄마가 지금까지도 누군지 모르겠어요. 한 번도 본 적이 없어요. 그때는 누가 가족인지 그런 거 전혀 몰랐을 때니까. 또 성격상 남들하고 얘기하는 성격도 아니라서 가만히 아들하고만 있었죠.

면담자 어느 순간부터 몇 반 이렇게 모여서 의견 나누고.

웅기 엄마 네, 네. 좀 지난 다음에서부터는 한 일주일 7, 8일 이렇게 되면서부터 서로 반끼리는 알아야 되[어서] 반끼리 연락을 주고받고. 여기 또 이상한 소문 퍼뜨리는 사람도 많고 가족 아닌 사람도 많고 굉장히 많은 일들이 일어나니까 저희끼리 명단을 만들어[만들자고] 해서 아기 사진을 넣고 몇 반 누구 이렇게 해서 가족마다 걸고, 그게 확인이 돼야지만 가족들끼리 따로 몰려가서 오늘 어떤 일이 있었는지 주고받고, 앞으로 어떤 일을 한다는데 어떻게 했으면 좋겠는지 이런 얘기 주고받고. 그다음 날이면 반 대표를 그중에 하나씩 뽑아서 연락책을 삼은 거예요, 남아 있는 반원들한테 연락을 해야 되고 [해서요]. 마지막에 저희가 그걸 맡았어요, 그래서 회의에 들어가고. 회의라고 별것도 없죠. "오늘 해경이 어쩌고 해서 지금 어쩌고" 기억도 잘 안 나요. 주로 아들이 했죠, 아들이. 그래 가지고 나머지 반원들한테 밴드로 연락… "뭐 어떻게 한답니다", "뭔 일이 있으면 연락을 주고받고 어떻게 요구를 합니다" 하고 그랬었죠. 그런데 그것도 한두 번 바꿨을 거에요, 그나마도. "똑같이 만들어서 또 하고[목에 걸고] 다니면서 가족들 틈에 들어와 있는 [이상한] 사람들이 있다" 이런 얘기 때문에….

면담자   명찰을 가짜로 만들어 달고 다니는?

웅기 엄마   네, 네. 그래 가지고 그거도 한두 번 바꿨어요.

면담자   잠깐 쉬었다가 할까요? 목이 아프실 거 같아서요.

웅기 엄마   네. 특별히 우리가 직접적으로 부딪힌 일이 아니어서 기억나는 게 없어요. 매일매일 난리버거지[난리바가지]였었는데.
(잠시 중단)

면담자   반에서 모여서 의견을 전달해 주고 회의 브리핑을 해주는 것도 있지만 가족들의 의견을 모아야 될 때도 있었잖아요. 혹시 기억나는 것이 있으신지요?

웅기 엄마   거기서 듣고 온 내용을 "이렇게 한답니다, 저렇게 한답니다" 반 대표들이 얘기를 전하면 그것도 또 반원들 간에 "그거는 아니지 않냐"고 얘기를 하고. 근데 그게 그렇게 크게 전달은 안 됐던 거 같아요. 저희 쪽 이렇게 그쪽에서 진행 상황만 브리핑하는 정도 또 뭐, 그 정도였어요. 그 정도였던 걸로 기억이 나요.

면담자　　　　그렇게 반모임 만들어졌을 때는 몇 명 정도였나요?

웅기 엄마　　그때 반은 다 있었죠. 다 있었는데 하루[가] 다르게
쑥쑥 빠져나가니까 또 혹 줄고, 또 반 대표 맨날 바뀌고. 맨날 바뀔
수밖에 없죠, 애기 찾으면 올라가 버리니까. 마지막으로 요한이 아
버님이 생각이 난 게, 요한이 아버님이 그때 무슨 얘기를 하셨냐면
"아이들 다 찾을 때까지 우리 이 자리 벗어나지 말자"고. 근데 사실
그때 정말 힘들고 아픈 얘긴데 아이들을 다 거기다 안치할 만한 냉
동 시설이 없었잖아요. "그런 거 다 어떡할 거냐, 그리고 당장 오늘
이라도 지금이라도 당신 애기 올라오면 안 올라갈 거냐?" 그러니까
말 한마디 의견 내면 싸움거리밖에 안 되는 거였어요. 그래 가지고
그때 막 큰소리 나고 그 문제로 요한이 아버님이 체육관에서 팽목
으로… 체육관에 못 계셨어요, 이상한 사람이라고. 그다음 또 그러
고, 그게 어떻게 말이 씨가 됐는지 저희 올라오고 마지막 나오는
게 저희 4반에 요한이만 남았던 거예요. 요한이가 꽤 오랫동안, 요
한이 혼자만 저희 4반에서 못 돌아왔죠.

7
웅기를 다시 만나던 날

면담자　　　　웅기도 거의 4월 말에 올라왔죠?

웅기 엄마　　네, 29일 날. 그날 4반에 애기들이 네 명이 그 방 안

에 있던 아이들이 한꺼번에…. 그 방 안에서 아이들을 찾은 게 아니라 뒤집어져 가지고 애들이 급하게 뛰어 올라오다가 5층 로비에서 뒤집어졌으니까, 그게 5층 로비가 된 거예요. 거꾸로 5층 로비에서 그 네 명이 한꺼번에 나온 거….

면담자   아이 찾아서 올라가는 과정을 얘기해 주실 수 있는지요?

웅기 엄마   한 열흘, 일주일 지나고 열흘 한 7, 8일 되면서부터 큰애가 굉장히 냉정하게 "냉철해야 된다"고, "지금 여기서 힘들어 하면 애기 제대로 못 보낸다고". (울먹이며) 계속 그 얘기 하면서 다 잡고 다잡고 저를 그렇게 하더라고요. "이제는 어떻게든지 아이 찾는 거 찾아야 되고 찾아왔을 때 제대로 보내야 된다"고, "여기서 괜히 자꾸 그렇게 이성 잃지 말라"고, "이성 잃으면 죽도 밥도 안 된다"고, "여태까지 못했으면 보내는 거라도 잘 보내야 되지 않겠냐"고, 그거를 매일매일 다잡았어요, 둘이서. 그리고 오늘이래도 당장 애기 찾으면 올라갈 수 있게 준비를, 입던 옷이든 뭐든 보따리 싸서 택배로 부치고 그냥 그 자리에서 바로 일어날 수 있게 준비를 했어요. 한 번 하고 팽목에 있는 둘째 아들한테 큰아들이 항상 그렇게 쭉 [이야기해서 준비하게] 하고.

그리고 식은 올라가신 부모님들한테 연락해서, 올라갈 때 보면 진짜 차가 없어 가지고 한꺼번에 너무 많은 아이들이 돌아오다 보니까…. 근데 그 추운, 찬 데서 나오면서 차로 5시간, 6시간 올라가면서 얼마나 많이 순간순간 변화되는 그 과정을, "자긴 못 견딘다. 그러니까 그런 거 미리 듣고 알고 생각을 많이 하고 있어야지만 빨리빨리 잘 처리할 수 있지 않겠냐"고 그런 얘기하면서, 자기가 장례식장 어딜 잡아야 되고 애기 추모공원은 어디로 가야 되고 그런 거를 매일 얘길 했어요. 제가 그때가 기억이 뚝뚝 [끊어지고] 하는데요, 잘. 애기가 입었던 옷을 자기가, 형아가 싸주고 그 전날 아빠가 여행 간다니까 옷 사달라고 그래 가지고 어떤 옷을 샀는지는 다 기억이[을] 나더라고요[하더라고요]. 아는 거예요. 근데 "그 옷 입고 있었을 거다, 갈 때는 교복 입고 나갔지만" [그래요]. 그래 가지고 그 베이지색 바지에 밑단은 접히면 잔 체크무늬가 들어 있을 거고 위에는 반팔 남방, 어떤 건지 그거는 기억이 안 나요. 제가 "분명히 그거 입고 있을 거다. 운동화는 엄마가 사줬던 아디다스 운동화", 가방은 형아가 캐리어 빌려줘서 그 캐리어에 어떤 옷을 자기가 싸줬는지 그 전날 형아가 짐을, 옷을 같이 싸주고 해서 알고 있었던 거라 짐작이 된 거예요.

근데 딱 모니터에 인상착의 "번호 199번" 줄줄줄 나올 때마다 새벽에 2시고, 3시고 딱 [눈]뜨는 순간 전부 다 잠을 못 자요. 깜빡깜빡하다가 그거 보고, 깜빡깜빡하다가 그거 보고 그랬는데 딱 봤는데 키 사이즈, 키에다가 옷이 딱 나오는 거야. 그때만 해도 한 3분의 1도 안 남았잖아요. 횅했어요, 체육관이. 횅해가지고 거의 그때는 체육관보다는 팽목으로 가 있던 상황이었어요, 가족들이. 근데 우린 떴는데 "맞다" 그랬더니 다른 사람들한테 미안해 가지고

47
•
1회차

조용히······. 그때 오전 중이었던 걸로 기억이 나는데, 다른 사람들이 부러움의 대상으로 보니까, 찾았다고 하면. 미안해서 정말 미안해서 조용히 나가서 팽목으로 자원봉사 하시는 차, 팽목 좀 데려다달라 그래 가지고 팽목에서 배 도착한다는 시간에 가면서 연락하고. 배 몇 시에 들어온다니까 "웅기 찾은 거 같으다"고 형아랑, 둘째 형아랑 아빠랑 거기서 팽목에서 기다렸죠.

그래 가지고 그 시간에 배 들어와서, 그때는 어느 정도 팽목이 정리가 된 상태였죠. 그쪽, 특히 지금 팽목 식구들 남아 있는 그 자리가 행정 뭐부터 시작해서 아이들 임시 안치······. 하여튼 그쪽으로 쭉 가면서 냉동 시설 그런 거 있는 데서 좀 있으니까, 그날 애기들이 많이 왔어요. 11명인가 들어왔어요, 여자 애기들, 남자 애기들 해서 11명인가 12명인가 한꺼번에. 그래 가지고 어느 정도 아이들 이렇게 단장을 할 때까지 시간이 걸렸겠죠, 수습할 때까지. 네명, 네명, 네명, 네명 뭐 세명, 네명 이런 식으로 대기실에 있다가 들어가서 확인하고. 그때는 각오를 다 했던 때라 '이젠 보내주는 거나 잘 보내주자' 그렇게 다잡고 있었던 때라, 오히려 또 아이가 돌아온 거에 대해서 감사해서······(울음). 감사해서 그래서 참 그냥 그렇게···. 남아 있는 사람들한테 미안해서 크게 아주 그냥 울지도 못하고 다시 체육관으로 돌아가서, 그다음 날 DNA 검사한다고 해서 체육관으로 돌아가서도 다른 사람들하고 말 하나도 섞지도 않고 구석, 저 구석에서 그냥 조용히 하루만 어떻게 버티고 그다음 날 올라왔어. 다른 사람한테 말 하나도 안 하고 그 사람들한테 미안해서.

그때 당시에 기억나는 거 중에 혁규네, 권혁규네 가족이 계속 같이 있었던 게 생각나네. 그분들 음식을 섭취 못 해서 그 이모님들하고 장인어른이죠, 친정아버지. 그 밤만, 맛밤이죠? 맛밤 과자 같이 생긴 거 그거만 열심히 잡쉈던 게 생각 나, 계속 몇 날 며칠. 그 가족이 그렇게, 그때 참 '안타깝다. 말도 안 통하고 먹지도 못하고' [하는 마음이 들더라고요]. 그때 그분들이 혁규네 가족인지 몰랐죠.

면담자   그러면 ○○가 준비를 해서, 형이 준비해서 헬기로 올라간 거예요?

웅기 엄마   네. 그다음 날 이렇게 다시 가가지고 걱정인 거예요. 장례식장도 부족하다 그러지, 또 올라가는 것도 차가 문젠데, 헬기가, 근데 헬기가 하루에 서너 대밖에 안 뜨니까 "무조건 우리는 시간 단축해 빨리 움직여야 된다". 가서 DNA 결과 나와서 그쪽에 행정실에서 전화를 해줬어야 되는데 얘기를 안 해주는 건데, 큰애가 "분명히 온 거 같다"고 "결과 나온 거 같다"고 지가 먼저 가가지고 "나왔지요?", "네, 나왔습니다", "왜 빨리 말 안 해주냐"고. 그 자리에서 바로 헬기 예약하고 그래 가지고 헬기로 올라왔죠.

헬기로 올라와서 고대병원 장례식장 예약하고 또 뒤따라오는 저희 반 호연이, 같은 방에 있다가 같이 나온 호연이 부모님한테 "지금 상황이 이러니까 아버님 무조건 쟤네들이 해줄 때까지 기다리지 말고 빨리빨리 하셔야 됩니다" [하고]. ○○가 얘기하고, 저도 얘기하면서 그 병원에, 고대병원에 와서도 교육청 직원인지, 전담한 명씩 다 붙었다고는 하는데 도대체 알아서 뭘 해주려는지 모르더라고요. 그냥 옆에만 있는 거죠. 병원에 와서 어떻게 해야 될지도 모르겠고, 우리가 다니면서 "병원에서 어떻게 해야 되느냐" 물어보고. 우리가 호연이네 가족 가르쳐주고 "아버님, 지금 이거 하셔야 됩니다. 저거 하셔야 됩니다" 가르쳐주고, 호연이 엄만 정신이 없어서 기절 상태라서 아빠한테, 호연이 형한테 가르쳐주고….

면담자   직원들도 처음 나온 게 아닌데 어떻게 해야 한다는
걸 몰랐던 건가요?

웅기 엄마   네, 올라와서.

면담자   꽤 됐잖아요.

웅기 엄마   "올라오면 뭐부터 하셔야 됩니다. 어떻게 하셔야 됩니다" [이런] 얘기가 없어 가지고, 그런 게 없어요. 그래 가지고 한바탕 우리 큰아들이 퍼부었을 거예요. "뭐 하고 있는 거냐"고 그래 가지고 한바탕했어요.

면담자   예를 들어 올라오면 따로 안내 같은 게 없었나요?

웅기 엄마   그냥 멀뚱멀뚱 있을 수밖에 없잖아요, 아무것도 모르니까. 뭘 어떻게 해야 되는지 모르고 그냥 병원에만 들어왔다 뿐이지 뭐 어떡하라는 건지 뭐. "영안실은 어딜 써라. 뭘 해야 된다. 제단을 어떻게 꾸밀 거냐? 애기를 보낼 때 어떻게 보낼 거냐? 뭘 사

용할 거냐?" 이런 거 저런 거 안내가 하나도 없는 거죠. 병원을 다
니면서 저하고 [큰아들이] 둘이서 하고 이렇게 왔는데 "지금 뭘 어떻
게 해야 되냐"고 했더니 "안치실, 영안실. 꽃을 어떻게 놔야 되고
옷도 해야 되고 관도 해야 되고 가족들 옷도 뭐 어쩌고" 계속 그런
게 많더라고요. 그것도 다 이렇게 일일이 사인하더라고요, 그런 안
내가 전혀 없이. 또 조문객들 올 텐데 조문객들 어떻게 받을 건지
이런저런 논의 하나도 없이 하여튼 그렇게 해서 보냈어요.

면담자   어머니, 오늘은 여기까지 하고 다음에 더 하죠.

웅기 엄마   또 할 게 있나요?

면담자   2년 동안 활동하셨던 것들에 대해서도 증언을 더 들
었으면 해요. 어머니, 마지막으로 체육관에서 보셨던 것 중 추가로
증언해 두실 것이 있으면 말씀해 주셔요.

8
진도체육관에서 본 이상한 사람들

웅기 엄마   형님인 분들….

면담자   조폭 같은?

웅기 엄마   네. [조폭 같은] 일하는 사람들이 사복경찰들하고 같
이 우르르 체육관에 들어와 가지고 이렇게 딱 벌어서, 가족들은 다

초죽음이 돼서 억억거리고 울고불고 그런데, 통으로 과자를 그냥…. 과자를 큰 걸 한 봉지가[를] 누가 들고, 니도 집어 먹고 나도 집어 먹고 이래 가면서 무슨 구경하듯이 막 이래 가면서 경찰들하고 같이…. 그 사람들이 통로서부터 중간에서부터 들어오면서 경찰들하고 같이 지들끼리 한가운데서 그냥 우글우글하게 [앉아 있었어요]. 내가 ○○한테 "쟤네들은 조폭들이 여기 왜 들어오냐, 저 사람들 뭔 상관있냐. 그리고 저 사람들 가족들이 초죽음이 돼가지고 이러고 있는데 저 먹는 거 봐" 내가 이러면서, 그냥 과자를 이렇게 하면서…. 그걸 내가 동영상을 찍었더니 큰아들이 "쓸데없는 짓 하지 말라"고 "엄마는 제발 그러지 말라"고 "튀지 말게 조용히 가만히 있자"고 그러는 바람에 못 찍었죠. 조금 찍다가 그것도 나중에 삭제하고 도대체 그런 사람들이 거기서 왜 그랬을까….

면담자   오랫동안 그러던가요, 아니면 초반에 며칠만?

웅기 엄마   초반에요, 초반에.

면담자   나중에는 가족분들이 항의해서 나가신 건가요?

웅기 엄마   아니요. 지들끼리 그냥 왔다 갔다 하더라고요, 경찰들하고 왔다 갔다. '뭔 상관이 있다고 저 사람들이 여기 와서 이럴까?' [싶었어요]. 근데 처음에 또 첫날 어떤 아저씨가 조그만 아저씨가, 저희가 막 비비고 앉았다 그랬잖아요, 첫날 어떤 조그만 아저씨가 "지금 구조를 하나도 안 하고 있고……" [하면서] 뭐 이상한 소리 엄청 했어요, 1시간 동안 전혀 믿고 싶지 않은 [이야기를] '이 사람 뭐야, 이 사람 왜 이런 소리를 해' [싶더라고요], 처음에는. 뭐 위로의, "괜찮을까요" 이런 게 아니라. 그때 당시 그 아저씨가 도대체 뭔지 모르겠어요. 근데 얼굴 보면 알 수 있을 것 같아요, 지금.

면담자　　어떤 얘기를 하시던가요?

웅기 엄마　　"구조 지금 하나도 안 하고 있고, 지금 정부가 어쩌고, 지금 계획적으로 어쩌고" [하면서] 한참 [이야기를] 하더라고요, 한 30분 이상을. 그래서 "아저씨 도대체 누구세요?" 그랬더니 진도 주민이래요. 진도 주민이라서 자기가 도움을 줄 건 없고 자기네 집으로 가면 자기네 집에서 숙식을 제공을 하겠다고. 그래서 '이상하다'고 이랬어요, '이상하다 이 사람 뭐야' 그러고 속으로. 그다음부터는 뭐라고 계속 얘기하는데 귀담아듣지도 않고 그냥 모른 척했어요. 그냥 딴 척하고 있었어요. 그랬더니 다른 데로 가더라고 그 옆에 다른 사람들한테 가서. 근데 '그분은 뭘 알아가지고 첫날에 와서 그런 얘기를 했을까' 지금 생각하니까 그분 말이 그때 다 맞는 거였는데, '그분은 누구였을까' 하는 생각이 드는 거예요. 지금 보면 얼굴 나 알 수 있을 것 같아요. 키 자그마하고 까무잡잡하고 한 50대 초중반. "지금 아무것도 안 하고 있다"고 "정부가 계획적으로 다 이런 거고……" 어쩌고 이러더라고, 첫날. 궁금했어요. "아저씨 누구냐"고, "진도 주민인데 자기가 해줄 수 있는 건 없고 자기네 집에 가서 숙식을 제공하겠다"고 그러더라고요. 그래서 "됐다"고 "안 간다"고 "여기 있겠다"고 하고 그다음에 하는 얘기는 귀담아듣지도 않았죠. 1시간 이상을 어쩌고저쩌고 떠든 거 같아요. 뭔 얘긴지 정확히 모르지만 아무튼 주로 그런 얘기예요. "정부가 지금 아무것도 안 하고 있고 다 계획적으로 죽인 거고 살인한 거고……" 그런 얘기. 그때 당시는 말도 안 되는 소리라고 믿고 싶지도 않았던 거죠, 아예.

면담자　　　　그쵸, 모두 다 살아 돌아오길 기도했을 때니까. 어머니 얘기하실 게 많으시네요.

웅기 엄마　　　기억이 뚝뚝뚝뚝 해요. 막 잊어버렸다 생각났다, 잊어버렸다 생각났다. 특별히 뭔가 책임을 가지고 했었으면 더 많이 알고 기억에 남을 텐데 그런 것도 없고 그냥 한 구탱이[한 귀퉁이]에서 항상 조용히 있던 사람이라.

면담자　　　　긴 이야기 감사합니다. 오늘은 이것으로 구술증언을 마치도록 하겠습니다.

2회차

2016년 5월 24일

1
시작 인사말

면담자　　본 구술증언은 4·16 사건에 대한 참여자들의 경험과 기억을 기록으로 남김으로써 이후 진상 규명 및 역사 기술에 기여하고자 합니다. 지금부터 윤옥희 씨의 증언을 시작하겠습니다. 오늘은 2016년 5월 24일이며, 장소는 안산시 단원구 세승빌라입니다. 면담자는 김향수이며, 촬영자는 김솔입니다.

2
5·18 전야제 행사 참가

면담자　　어머니, 안녕하세요. 저번에 만나고 2, 3주 만인데 어떻게 지내셨는지?

웅기 엄마　　지난 2년하고 똑같이 일 있으면 나가고, 갔다 와서 또 하루는 집에서 좀 쉬고 [그렇게] 똑같이 보냈어요.

면담자　　어머니 지난주에 광주 다녀오신다고 했는데 간담회 아니면 5·18 행사?

웅기 엄마　　네, 5·18 전야제 행사. 5·18 전야제 행사하고 새벽 3시에 올라갔어요.

면담자　　전야제 행사 가시게 된 동기가 있으신지요. 어떤 마음으로 가게 되셨나요?

웅기 엄마   작년에도 참석을 했었고요. 올해도 참석을 했는데 제가 겪으면서 보니까 연대라는, 연대라는 힘이 얼마나 필요한지를 깨달았어요. 그리고 5·18 같은 경우에는 저희 세월호 문제도 앞으로 20년, 30년 후에 마찬가지겠지만 5·18은 대한민국 국민이면 절대 잊어서는 안 되는, 끝까지 함께해야 되는, '항상 관심을 가지고 해야 된다'는 생각을…. 그래서 그 전에는 정말 평범한 소시민으로서 생각만 하고 지냈었는데 이제는 어쨌든 저희도 연대가 필요하고 그쪽에서는 저희를 품어주신다는 마음으로 저희를 작년에 정식 초청을 해주셨고 올해도 마찬가지고. 그래서 5·18 행사 다녀왔어요.

면담자   가시고 나서 인상 깊었던 게 혹시 있으신가요?

웅기 엄마   작년에도 한두 번 정도 갔었고요. 5·18 행사하고 또 다른 행사에도 5·18 어머님들의…. 물론 저희 아이들 희생문제 하고 그때 당시 5·18 희생자들하고의 그 문제는 다를 수는 있지만 정부를 향한다는 거는 또 같은 문제일 수 있잖아요. 5·18 어머님들이 저희를 따뜻이 품어주면서 "니 맘 내가 안다. 너희들 마음 내가 안다"[고 말씀해 주셨어요]. 그때 당시 어머님들 연세를 보니까 딱 저희 나이시더라고요, 저희 나이 때. 그러면서 그분들은 자유를, 민주주의를 향한 그런 희생자들이셨죠, 정부를 상대로 해서. 조금 다를 수 있어도 어쩌면 같은 마음으로 저희를 '말 안 해도 다 안다'는 식으로 어머님들이 품어주셨던 그 말씀이, "니네들 마음 내가 다 알아" [하는] 그 말이 너무나 감사했어요.

3
학적, 교실 존치 등 단원고와의 문제

면담자   어머니, 저희 단원고에서도 뵀었는데 단원고 들어가고 나오면서 농성하게 된 과정들 좀 이야기해 주세요.

웅기 엄마   5월 5일 날, 잠시만요. 5월 5일 날 밤에 저녁에 초저녁 정도에, 아주 초저녁은 아니지만 저녁 시간에 단체로 알림 문자가 왔어요. 이삿짐센터를 불러서 바구니 죽 늘어놓고 이삿짐 포장할 것 같은, 그렇게 시작이 된다고 몇몇 부모님들이 가 계시고 [했는데, 저는] 그날은 안 갔어요. 그다음 날 협약식이 있었나요. 6일 날 있었나요. 7일 날 있었나요. 하도 그게 참, 저도 요즘 날짜 개념, 시간 개념이 없어 가지고. 그래서 그다음 설마 했죠.
    그러고 그다음 날서부터 학교를 갔어요. 계속 점점 "협약식이랑 이삿짐을 정리하려 한다"는 진짜 학교에서조차 그런 말을 내뱉었기 때문에 "정리하려고 한다. 아이들 단기방학 기준으로 해서 9일 안에 정리를 하려고 자기네들 지금 계획을 세웠다"라는…. 그러면서 부모님들이 차츰 학교로 많이 모이기 시작을 했죠. 그래서 학교로 가서 짬짬이 집에 갔다가 다시 학교로 갔다가 그러면서 이제 협약식을, 협약식 내용을 읽어봤더니 빼긴 빼되 이런 식으로 빼는 게 아니라 부모님들이 마음 정리하고 또 특별히 내가 정리할 물건을 정리할 시간을 주고 참관 아래, 그리고 아직 시기가 지금이 아니라…. 시기는 정하지 않았어요, 협약식에. "빼기는 빼되 이런 식으로 빼는 건 아니다". 협약식에 분명히 그렇게 돼 있었고 빼주는 것만 명시가 됐죠. 언제 어떻게 이렇게 빼겠다는 협약식의 내용은 없었어요.

그런데 어떻게, 이쪽 학교 측에서는 교육청 측에서는 "그냥 빼기로 [했다]. 협약식 치르지 않았냐" 이런 식으로만 얘기를 하더라고, 협약식 끝났다고. 학교에서는 농성 중인데 이틀, 삼 일째 되는 [날] "협약식 끝났다"고 분향소에서 협약식 끝내시고 오신 분들이 "끝났어, 끝났대. 이제 정리됐어. 얘기 잘됐고 이런 식으로 빼진 않는데. 가자" 그리고 "철수하래, 이제 철수한대" 그 말에 다들 철수하려고 준비 중이었는데, 어떤 한 부모님이 행정실에 가서 생활기록부를 우연치 않게 떼려고 하다 보니까 아이들이 그때 제적처리가 된 거예요. 그 당시에 철수하는 과정에서 우연치 않게 알은 거예요. 그래서 다시 학교에 또 농성을 들어간 거죠, 왜 아이들 제적처리 되는 거[제적처리 했냐고 항의하면서]. 그래서 저부터가 우리 4반, 그때가 월요일이었어요. 월요일이었었죠. 4반 부모님들한테 알리고 그래서 저녁에 더 많이 모이게 되고 그렇게 농성이 이어졌죠.

면담자   그 과정에서 들었던 생각은?

웅기 엄마   네, 처음에는 매번 모든 상황에서 벌어지는 일에 대해서 처음에는 멍해요. 멍했다가 '왜 이렇게 됐지, 이렇게 될 수 있을까?' 그니까 매번 다른 부모님들이 그걸 당했다고 표현을 하시는데 '매번 당하고 또 당하네, 또 그러네'. 어차피 협약식 치렀고 해준다고 했으면 [제대로 해줘야 하는데], [우리가] 그동안 기다려주고[주었음에도 불구하고] 거기다 못해 제적처리까지 했다는 게 너무 기가 막혔어요, 진짜. 유급시켰을 수도 있었었는데……. 그때 당시 그러면서 이제 저희 큰아들 같은 경우에도 생전 현장에 거의 안 나오는데 잠깐 보고 가고 이런데, 오죽하면 형제자매들까지 모여가지고 어머니, 부모님들 틈에서 몇 날 며칠을….

    화나면 어떻게 저희가 표현할 수 있는 방법은 없잖아요. 일단 그러고[농성하고] 있으면 관계자들이 와서 해명을 하든지 사과를 하든지 뭔가 조치가 있겠죠. 그래서 그런 식으로 있었죠. 맨날 기가 막히죠. 맨날 매 순간, 매 상황이 기가 막히죠, 어이가 없고. 근데 우연찮게 알게 된 그 부모님도 그날 처음 그걸[학적부] 떼려고 한 게 아니래요. 그 전에 몇 번 시도를 하셨는데 "신분증을 가져와라, 뭘 가져와라" 이런 식으로 두 번인가를 패스를 당하셨대요. 그날 가만히 있다가, 가만히 죽치고 거기서 있다가 문득 생각이 드셨는데 신분증이 있었던 거죠. '신분증이 있는 김에 한번 떼보자 다시' 그러고 그렇게 우연찮게 알게 된 거죠.

면담자   교육청이랑 단원고랑 계속 이렇게 회의를 하는 게 있었잖아요. 그때 그런 아이들 학적을 어떻게 할지에 대한 얘기가 전혀 없었나요?

웅기 엄마   그런 거는 전혀 없었던 거…. 저는 이제 한 번도 그
거 참석은 안 해봤지만 도언이 어머니가 거기 항상 그 문제는 대표
로 참석을 하고 있었는데 이런 문제는 일언반구 말도 없었던 상황
이죠. 저희는 당연히 이제 빼주되, 사실은 진짜 저는 개인적으로
이제는 학교 내줌으로 인해서 모든 현장이 다 없어진다고 생각을
하거든요. 예전서부터 저는 끝까지 '학교는 지켜야 된다, 남아야 된
다, 보존해야 된다'는 생각이거든요, 개인적으로. 근데 이거뿐 아니
라 먼저 가족들끼리 의논을 거치고 어쨌든 선택을 하는데, 그래도
많은 부모님들이, 그래도 재학생들한테 사실은 재학생들 몇몇 학
생들 얘기로는, 들리는 얘기로는 제가 뭐 아는 얘기가 있어서 물어
보지는 않지만 "그 교실에서 공부 못 해요" 이렇게 말을 한다는데,
학교 측에서 교육청 측에서 "아이들이 원한다니까. 지금 저 분위기
로 아이들이 어떻게 대학을 가고, 공부를 못 한다니까 빼주자"[라고
주장을 했죠].

　우리 부모님들조차 "내주는 게 맞다", 또 나중에라도 들어오면
[오는] 입학생들을 위해서라도…. 그래서 그냥 부득부득 우기는 부
모님들이 꽤 많아요. "그냥 빼주자"는 73프로라고 얘기하는데 나머
지 27프로는 "아니다"라는 거죠. 그런데도 가족 간에 분란을 일으
키긴 싫잖아요. 어쨌든 저희끼리 와해되면 안 되니까 거기 따르기
로 했는[했던] 건데…. 그것도 못 기다려주고, 배 인양돼서 미수습
자 돌아와서 합동영결식 치르고 명예졸업 하고 이러고 해줬으면

참 모양새도 좋지 않았을까. 그때도 많은 부모님들 그래도 해주겠다는데 끝끝내 버티자고 하는, 그래도 보존해야 된다고 하는 부모님들도 가만히 입 다물고 있는데 그런 식으로밖에 할 수 없었을까. 뭐 그 사람들은, 그게 학교장도 마찬가지, 학교 측 입장도 마찬가지….

교육청 직원들도 와서 삼 일째 되는 날 찾아와서 "민법 어쩌고 저쩌고 민법에 의해서 정리하…", 그러면 솔직히 법대로 하자면 [학적 변경 시에는] 저희한테 알려야 되는 거고, 저희 아이들 사망신고서가 다 들어가야 되고, 그런 법은 자기네는 안 지키고 "그렇게 할 수밖에 없었다"는 자꾸 변명만 늘어놓더라고.

면담자   학교 측에서도 그렇고 교육청, 교육감이 사과를 하러 오긴 했는데 그때 느낀 인상은 어떠셨어요?

웅기 엄마   학교 측? 그냥 학교 측이나 교육청 측은 서로 미루기 바쁘고 서로 "안 했다" 그러더라고요. 학교 측에서 처음에 그 내용을 "누가 이렇게 했냐" 그랬더니 "기간제 교사가 자기 임의대로 이렇게 처리했다"[고] 첫날은 그렇게 얘기를 했어요. 행정실에서 [유가족들이] 첫날 "그 기간제 교사 불러라"[고] 요구했어요]. 그때 처음에 내용 알게 됐을 때 관계자들도 "자기네는 모른다" 그렇게 해서 여차저차 이틀, 삼 일째 되는 날 교육청하고 "학교 문제, 학교에서 임의대로 처리했다"[고] 교육청 측에서는 하기 곤란하니까 "학교에다 결정권을 줬다", 학교 측에서는 반대로 "교육청에다 허락을 받고 했다" 서로 그러더라고요.

기가 막히죠. 사과에 뭐 말로는 "자기네가 생각이 짧았습니다. 부족했습니다. 그렇지만" [하면서] 또 "그렇지만"[은] 항상 붙더라고요. "그렇지만 자기네들 행정 절차상 마냥 그거 두고 이렇게, 저 입학생을 받아야 되기 때문에, 학생 수를 [조정]해야 되기 때문에 어쩔 수밖에 없었다"라는 변명. 그다음에 마지막으로 교육감이 왔었을 때도 "무조건 제 책임입니다" 말로는 그러죠, "제가 다 책임지겠습니다". 사실은 그걸 진정을 시킬 수 있는 상황은 그거밖에 없었어요. "책임지겠습니다, 책임지겠습니다". 저희 가족들 또 순하잖아요. 그리고 또 그 사람이 다 책임지겠다니 책임을 어떻게 질는지 모르지만, 저희가 그 자리에서 "당신 교육감 그 자리에서 내려와라, 물러나라" [하니까] "알겠습니다. 그렇게 하겠습니다" 했는데, 저희가 끝까지 추궁해서 "당신 왜 그 자리에 있어? 왜 안 내려와?" 하겠어요? 그냥 정말 잘못된 거 수정하고 진심 어린 사과, 저희는 또 그러면 넘어가요. 저희 부모님들은 또 그렇게 넘어가잖아요.

면담자   어머님은 교실을 계속 지키고 싶다고 얘기하셨는데, 어머님에게 교실은 어떤 의미인지 여쭤봐도 될는지요?

웅기 엄마   사실은 제가 웅기 있을 때는 학교를 한 번도 못 와봤어요. 사고 날 진도 내려가기 직전에 일 터지고 학교로 쫓아와서 처음으로 웅기 교실 가보고…. 그래서 계속 미안해요. 계속 미안한데, 사실 무슨 유치원, 초등학생도 아니고 고등학생인데 부모님들이 교실 학교 찾아오는 일은 거의 드물잖아요, 운영위원회 아닌 다음에야. 근데 어쨌든 일은 이렇게 벌어졌고, 이렇게 시간이 흘렀고, 학교는 이젠 아이들이 그날 그 시간 그냥 모든 게 남아 있어요, 남아 있죠. 학교 가면 아이들이 수업받던 그런 모습들이 떠오르고, 정말 이거는 학교를 떠나서 이제 이게 진짜 저희가 계속 외치는, 그 사고 이후로 외치는 "안전한 세상, 안전한 대한민국, 앞으로 살아나갈 젊은 청년들, 아이들, 그런 아이들 위해서 산교육의 현장이 되어야 된다"고 저는 분명히 믿어요.

모든 사람들이 정말 학교를 막연하게 교실이 있었다고 생각하는 거 하고, 와서 정말 그때 그 당시 그 절박함이라든가 가족들의 절박함, 시민들의 절박함, 아이들이 바라던 그런 게 모든 게 담겨 있고 남아 있는 그 장소잖아요. 학교가 없어지면 전 모든 게, 이젠 저희 아이들의 모든 흔적이 없어지는 거라고 저는 분명히 믿어요. 그래서 꼭 저는 '보존이 돼야 된다'고 생각을 해요. 아이들이 진짜, 대한민국 국민 모든 사람뿐만 아니라 학생이라면 오히려 여기를 현장학습 장소로 지정을 해서 저는 다녀가라고 하고 싶어요. 왜 바뀌어야 되는지 세상이, 대한민국이 왜 바뀌어야 되는지, 어른들이 왜 바뀌어야 되는지 아이들이 현장을 보고 좀 알았으면 좋겠어요.

4
진상 규명 활동, 국회 농성 등

면담자   오늘은 주로 지난 2년 동안 장례 치르고 나서 활동하셨던 것들, 삶에 대해서 여쭤보려고 하는데요. 처음 다시 분향소 나오고 '활동을 해야겠다'라고 생각하기까지 마음먹기가 어려우셨을 것 같은데, 계기가 있으셨어요?

웅기 엄마   처음에는 그냥 일상으로 돌아가 보려고, 또 가족총회나 가족 이제 큰 일정에는 참석을 하고 소소하게는 안 했었어요. 그러면서 평범한 일상으로 돌아가 보려고 했었는데… 주변 분들하고 그렇게 평상시하고 똑같이 한번 어울려보려고도 했었고. 근데 그게 쉽지가 않더라고요. 그냥 멀쩡히 그 사람들하고 있다가 '이래도 되나', 내가 지금 이렇게 이 사람들하고 어울려서 밥 먹어도 되고 웃어도 되고, 근데 그 사람들하고 어울리면서 또 내가 그런 내색은…. 물론 내가 어떤 이 일에 관련된 사람이라는 거 다 알죠, 주변 분들이. 조심스럽게 하긴 하지만 나를 두고 너무 주변 분들이 그런 의식하는 것도 힘들고, 또 아무 일 없다는 듯이 막 그러는 것 자체는 또 내가 힘들고, 그러다가도 그냥 아무 일 없이 지나가는 것 같다가도 그분들의 말 한마디에 별거 아닌데도 잘 받아들이다가도 뒤돌아서서 짜증이 확 밀려오고 정신적으로 컨트롤이 안 되더라고요.

그래 가지고 그 5월서부터 국회 농성이 들어갔었잖아요. 처음에는 안 갔었어요. 그러다가 그때까지도 가족분들, 저희 반 부모님들하고도 잘 몰랐어요. 지금도 절반도 모르지만 워낙 많은 분들이 계셔서, 가서 서먹서먹하기도 하고 처음에는 그래서 또 그것도 힘들더라고요. 근데 차츰 한 부모님 알고 한 부모님 알고 하다 보니까 우리끼리 웃고 떠들고는 마음이 편해요, 바깥에 다른 분들하고 그런 거는 불편한데. 그렇게 해서 가서 아시는 분 한 분 계시면 편해서 그분하고 얘기하다가 돌아오고 국회에서 돌아오고…. 그래서 국회에 처음에는 한 번 갔다가 두 번 갔다가 나중에는 거의 철수할 때까지…. 저희는 단식 농성은 안 했지만 저 같은 경우에는 같이 처음에는 "머릿수 채운다. 나는 머릿수 채우는 역할밖에 못 합니다" 이렇게 하는 정도로 금요일에만 다녔어요.

국회 다니다가 국회 철수하고 광화문으로 내려와서 7월 달, 6월 달, 7월 달 그 뜨거운 광화문에서 거기서 잠을 자기 시작했죠. 노숙을 하고 국회에, 청운동에 천막 치면서 청운동에 처음에 한두 번 다니다가, 그때는 또 청운동을 반별로 이제 그날그날 당번을 정해서 반별로 내려가는 거…. 처음엔 많이 내려가다 점점 부모님들 지치고 힘들고 인원이 줄기 시작하니까 "반별로 당번을 정해서 다니자" 그렇게 해서 하다가, 청운동에 거기 어머님들 세 분 계신 데에서 같이 함께하기 시작했죠. 그 어머님들처럼 거기서 칠십 며칠 동안 있지는 않았고, 이삼 일 있고 집에 가서 하루 짐 정리해 가지고 와서 또 씻고 오고 또 다시 있고. 그래 가지고 철수하는 날까지 청운동에 있었죠.

그때까지만 해도, 지금도 마찬가지지만, 이렇게 남한테 보여지는 거, 드러나게 말하고 그런 게 참 조심스러워서…. 지금도 그래요, 그냥 보이지 않게…. 청운동 철수하는 날 새벽에 그날 기자회견 있고 이런데 일찌감치 그냥 먼저 집으로 갔죠. 가끔 이제, 그때까지 안산 가끔 한 번씩 내려오고. 제가 집이 남양주다 보니까 남양주에서 국회 가는 시간, 청운동 가는 시간, 안산 내려오는 시간이 거의 약간의 시간적 여유가 3시간씩 걸리는 거야. 왕복 6시간씩 그냥 그게 일상이었어요. 매일 갔다 오면 11시 12시, 또 아침 몇 시에 자고 일어나서 씻고 나가고 그게 일상이었었어요. 지하철 타고 새벽같이 환승하고, 환승하고. 근데 그게 마음은 편하더라고요. '할 수 있는 일이 그래도 있구나. 나서서 크게 하진 못하더라도 이렇게라도 할 수 있는 일이 있구나'. [참사 후] 100일 도보서부터, 1박 2일 도보서부터 시작을 해서 진도까지 또 도보하고 몸을, 몸이 괴롭, 힘들고, 조금 몸을 괴롭히는 게 어쩌면 마음은 편하더라고요.

면담자   마음이 편하다는 의미가 어떤….

웅기 엄마   편하면 안 되지, 이 상황에서(웃음). 그런 생각도 있어요, 사실은. 이 상황에서 내가 진짜 막 그냥 미쳐 날뛰고 싶은데 표현할 방법은 없어요. 너무 또 성격적으로 너무 이성적이라 뭘 하나 계산하고 생각을 하면 그거에 대해서 생각하고 생각하고 하는 편이라, 그런 성격이라 너무 이성적이다 보니까 미쳐 날뛰고 싶은데 제 머리라도 홀딱 깎고 비 오는 날 홀딱 벗고 뛰고 싶기도 한데,

답답하기만 하지 할 수 있는 게 없더라고요, 혼자서. 그래서 그래도 부모님들이 움직이시는 거에 머릿수 보태는 정도라도, 몸이 힘들면 힘든 만큼 '어쨌든 뭔가 해냈다. 하고 있다'라는 그런 생각이 들더라고요.

면담자   처음에 국회에서 농성하실 때 기억에 남는 일화가 있을까요?

웅기 엄마   처음에 정말, 정말 평범한 소시민[이] 그런 국회[에] 언제 들어가 봤겠어요. 그렇게 너른, 잘 꾸며진 정원에 그 큰 건물에 으리으리한 건물에 거기서도 대단하다고들…. 근데 이렇게 국회 건물에 가서 이렇게 "대한민국 역사상 처음이다", 그거를 무슨 엄청난 일을 이뤄냈다는 것처럼 주변 분들은 말을 하는데, 저희 아이들 일이고 대한민국 역사상 이런 참사는 없었잖아요, 전례 없는. 매 순간 모든 일에 그래요. 이건 여태까지 대한민국에 없었던 일을 가족들이 하고 있습니다. 우리 아이들 참사는 대한민국에 있었던 일은 그런 역사에 그런 참사는 없었잖아요, 정부의 방관하에. 가니까 그 뜨거운데 처음에는 진짜 정말 그냥 비닐 깔고 이 정도밖에 없었어요.

그러다가 배 접기 시작하고 학 접기 시작하고 그걸 잔디밭에다가 이쑤시개 하나하나로 날라 가지 말라고 꽂으면서 뜨거운데 엄청 뜨거웠던 기억. 그것도 반별로 경쟁하듯이 우리 반만 없으면 섭섭하고 애들한테 미안하고 반별로 경쟁하듯이. 쪼그맣게 거기다가

[국회 본관 앞 잔디밭에다가 꽂다가] 점점 커지고 그 넓은 잔디밭을 배, 종이배 종이학으로 꾸미던 일. 그다음에 노란 우산에다가 이름 쓰기 시작해서 그거 들고 다니면서 시위하면서 그 잔디밭을 배회하면서 어디든 이렇게 가면 "저 반은 저렇게까지 했어", "저 쪽 반은 저렇게까지 했어". 또 우리 반 하다 보면 "우리 애기 이름만 없어", "누구 이름 애기 없지, 빠졌지". 제가 우리 반 아이들 이름을 거기서 다 외웠어요, 국회에서. 그리고 적어놓고 벽에다가 적어서 이렇게 붙여놓고 아이들 이름을 써야 될 부분에서는 그 아이들 한 명도 빠지지 않게 적으면서 그런 거 많이 했고 계속 기억나고….

그 외에는 또 비둘기가 그렇게 날아다니면서 비둘기 똥이 바닥에(웃음). 비둘기 똥 맞아가면서 또 단식 농성하시던 분들 그 힘듦에, 우리 반 4반에 슬라바 어머님께서 유일하게 단식을 같이 시작을 하셨는데, 그분은 끝까지, 처음부터 하시는 말씀이 자기는 "며칠까지 할 예정이고 그 전에라도 쓰러지지 않으면 당신 나가야 된다". 그분이 무역업을 하시니까 일에 너무 크게 지장이 있으셔서 그런 얘기 기억나고, 결국 그분은 그날 돼서 당신이 그냥 힘 있게 걸어 나가셨어(웃음). 그런 게 국회에서 기억이 나고, 많이 기억이 남죠.

그 청년 의사휜가. 한의, 양의 의사선생님으로 구성된 [분들이] 진료 거기서 해주시고 한약 조제해서 쌍화탕이라든가 항상 떨어지지 않게 재워놔 주시고. 많은 분들이 간식거리, 식사 때마다 식사거리 지원해 주셨던 거 잊지 않고, 감사한 분들도 많이 기억나. 개

웅기 엄마 윤옥희

인적으로 알고 지낸 분은 없지만 많은 분들이 그렇게 해서 저희가 힘들지 않게 어렵지 않게 그 시간을 보낼 수 있었던 거 같애. 국회에서 첨엔 화장실 들락거리다가 본 건물 안으로 화장실도 못 들어가게 해가지고, 그 안에 들어가면 빨간 카펫이 쭉 깔려 있는데 높으신 어른들이 지나가신다는, 밟는다는, 보좌관도 못 밟고 그런 거죠. 우리도[우리는] 이런 것도 밟아봤어(웃음). 어떤 어머니가 아가씨 때 국회에서 6년, 7년을 근무를 하셨었대요. 근데 정문을 통해서 그 빨간 카펫을 밟아본 적이 없대요.

면담자　　　국회의원만 밟을 수 있는 거예요?

웅기 엄마　　　네. 그 안에 저희는 당당하게 밟고 화장실 다녀왔습니다(웃음). 아유, 그다음에 사실 화장실을 못 들어가게 그것도 막아가지고 들어가면서, 정문 들어가면서 좌측에 있는 지금도 자주 이용하는 그쪽 건물 화장실 다니면서…. 다 잊고 있다가 하나씩 하나씩 또 기억이 나네요.

면담자　　　못 들어가게 하는 이유는 뭐였어요?

웅기 엄마　　　못 들어가게 하는 이유가 그거죠. 단순히 "이렇게 들어오시면 안 되는 건물입니다. 들어오시면 안 됩니다". 또 이제는 저희가 하다 하다 못해 안으로까지 들어가서 또 자리라도 펼까 봐, 그런 염려 아니었을까. 화장실 사용하면서 물병 하나 못 갖고 들어가게, 혹시라도 만에 하나라도 저도 그때 당시에 그런 생각 했어요. '여기다가 휘발유라도 하나 들고 들어가서 여기다. 충분히 가능할 수 있지 않을까' 나중에 그런 생각도 똑같이 하고 있더라고요, 그 사람들도. 물병조차도 못 갖고 들어가게, 아무것도 없이 화장실만 이용할 수 있게 그러다가 이제 그것도 막은 거죠.

면담자   '휘발유로 이렇게 하고 싶다, 할 수 있을까' 그런 생각을 하셨던 거예요?

웅기 엄마   그 사람들이 하도 그렇게 하니까 '니네들이 이렇게 안 해도 우리는 할 수 있으면 충분히 할 수 있어'. 진짜 국회뿐이 아니라 국회의원들조차도 너무[하니까 그런 생각까지 든 거지요]. 그때 당시만 해도 저희가 이렇게 진짜, 저희 가족도 진짜 미쳤다고 해도 표현이 [과언이] 아닌데 지금까지도 미쳐 있잖아. 그때 당시에는 눈에 뵈는 게 없는 상황이었었는데, 뭔가 나서서 "같이 일을 해결해 주겠습니다. 같이 한번 해봅시다" 하는 사람들은 야당의원 몇 명 빼고는 [없었어요]. 그때 당시에 문재인이 광화문에서 단식을 하고 있었을 시기였었나, 모르겠습니다.

하여튼 막 이렇게 겹쳤었는데 몇몇 의원들 빼고는 소 닭 보듯이, 아니면 그 눈초리도 부담스러우면 우리 가족들이 쳐다보는 게 부담스러우면 보이지 않게 들락거리면서 화가 났던 거죠. 진짜 폭파시켜 버리고 싶었어요. 왜냐면 '폭파시켜서 그냥 다 죽자'. 사실 지금도 그래요. '다 죽자. 다 죽어버렸으면 좋겠다'는 생각밖에 안 들어요. 세상이 뒤집혀져서 말로만 "안전한 대한민국, 자라나는 세대가 안전한 대한민국에 살 수 있는" 그렇게 하지만 사실은 그냥,

그냥 뒤집혀져서 다 세상이 끝나버렸으면 좋겠어요. 〈비공개〉

면담자　　　　그런 생각 드실 때 어떻게 하세요, 그냥 바느질하
세요?

웅기 엄마　　　그냥 수시로 때때로 그래요. 그냥 그냥 세상이 다 끝
나버렸으면 좋겠어요. 지금까지도 계속 서울을, 남양주에 살면서
광화문을 가고 안산을 오고 청운동 가고 지금까지도, 지금은 아니
지만 한두 달 전에 이사 와서 제가 잠실대교를 건너요. 잠실대교를
건너다 보면 제2롯데월드 건물이 어마어마하게 서 있죠. 그때 당
시에 오픈했다, 개관했다, 일부 오픈하고 일부 오픈하고 하면서 문
제점들이 또 이슈에 나오잖아요, 송파 지역이. 아유, 눈앞에서 그
냥 눈앞에서 '우리만으로 우리 아이들 희생만으로도 부족하구나'.
우리 대한민국은 아직 멀었어. 〈비공개〉

5
광화문 청운동 농성

면담자　　　　어머니, 아까 청운동에서부터 광화문에서부터 노숙
하기 시작하셨다고 했는데, 왔다 갔다 하시다가 노숙하게 된 계기
가 있으세요?

웅기 엄마　　　광화문에서 자기 시작한 거는 그냥 아무 생각 없이
잤던 거 같아요. 지켜야 되고 가족들이 있어야 되고 많은 분들한

테. 솔직히 처음에는 그냥 동물원에 원숭이처럼 사람들이 가족들 얼굴 보는 것 자체가 힘들었어요, 우리가 무슨 동물원 원숭이도 아니고, 그분들한테는 위로였겠지만. 근데 우리가 단순히 그렇게만 보여지는, 그러지 않았으면 좋겠다는 생각이 들었고. 진짜 처음에 광화문에 아빠들이 있기 전에 유민이 아빠가 단식을 들어가면서 영석이 아버님하고 민우 아버님 계셨지만 그때 아마 같이 그러고 있었었나, 같이 있었었나. 모르겠어요.

우연찮게 그렇게 노숙을 하면서 집에 들어가는 게 사실은 처음엔 불편했어요. 다른 분들도 저렇게 계시는데 집에 들어가서 혼자 편안하게 자는 게 불편하기도 하고, '그래도 지켜야 된다'는 생각이요. 단순하게 '있어야 된다'는 생각, 그러면서 있었던 거 같아요. 그리고 청운동에서는 어머니들 몇몇이서 그렇게 있는 거에 대해서 나라도, 한 명이라도 더 아마 인원이 많아서 많은 분들이 계셨었다면 또 안 했을 것 같긴 한데, 그때 당시에는 어머니들 셋이서 그렇게 계시는 거에 대해서 미안하기도 하고…. 처음부터 같이 시작을 못 했는데 처음부터 같이 시작을 한 건 아니기 때문에 미안하기도 하고 그렇게 해서 하루 있게 되고 이틀 있게 되고, 그러면서 또 찾아오시는 분들한테, 그러면서 청운동에서 본격적으로 지금 말하는 간담회가 시작이 되었던 거 같아요.

그 전에 서명전도 다니고 이렇게 많이 했지만 본격적으로 거기 앉아서 정말 많은 분들이 매일 찾아오셔서 정말 사실이 뭔지, 그때 당시의 상황이라든가 진실이 뭔지 왜 이러고 있는지에 대한 얘기를 듣고 싶어 하셨어요. 그래서 거기서 그랬죠, 우리들끼리는. "이게 진짜 간담회다. 우리가 일부러 찾아다니지 않고 찾아오시는 분들한테 이렇게 하는 것만 해도 이게 더 좋은 간담회가 어디 있냐, 이 자리 지키고 있으면서". 그러면서 거기서 또 다시 매일 청와대에 면담 신청을 한 거죠. 근데 그것도 수월하지를 안 하고 국회에 올라갈 수도, 아니 청와대에 올라갈 수도 없었었고 거기서 조금 걷다가 보니 무궁화동산이라고 나오는 그 공원이 나오고 공원 건너서 청와대 삼청동으로 넘어가는 그 길이 나오는데, 우리는 그 무궁화동산도 못 갔어요.

면담자   막았나요?

웅기 엄마   막았죠. 처음에 청운동에 저희만 고립시키고 경찰이 빽빽하게, 조금이라도 어디서 연대한다고 오기라도 하면 아예 그냥 겹겹 을[모든] 인원 저기, 저희들 그 안에 갇힌 인원의 10배, 20배 되는 경찰 인원들이 차벽으로 막았어요. 차벽으로 막다, 인원으로 막다, 또 차벽으로 막았다[가]. 그때 당시에는 많은 저것도 있었으니까 광화문에서 올라오는… 있다가 연대하는 그 집회에 인원들이 올라올까 봐 광화문에서 막고 중간에 경복궁역에서 막고 중간중간에 골목골목에 다 사복경찰들이 있고 정보경찰들이 다 있고 막고, 막고…. 그렇게 어마어마하게, 말로는 저희를 "보호한다"는 명목하에 그 무궁화동산도 못 올라가게… 처음엔 기가 막혔어요.

거기 올라가면 99프로가 중국인들이에요. 여기가 도대체 대한민국 땅인지 중국 땅인지 모를 정도로…. 그렇게 한 사람이라도 올라갈라 하면 경찰 두 명이 따라붙어서 "한 사람씩만 올라가라", "저희가 보호해 드리겠다"고(헛웃음). "한 분만 가시라"고 둘만 짝지어도 못 올라가게 하고, 개새끼들 졸랑졸랑 산책할 수 있는 길을 저희는 못 올라가게 막은 거예요. "정말로 아침에 일어나서 우리 운동 삼아서 한 바퀴 돌려고 한다" 해도 안 올려 보냈어요. 정말로 수월하게, 단 한 명도 수월하게 올라간 사람이 없었던 거 같아요.

면담자   둘이 가는 건 왜 안 되죠? 많이도 아니고 혼자 다니는 게 더 위험할 수도 있잖아요.

웅기 엄마   그러니까요. 둘이도 안 돼요, 둘이도 안 되는 거예요. 정말 어이없는 일이 많았죠. 항상 주변에 정보과 형사들 항상 둘레둘레 정보 경찰들이 빽빽하게 있었고, 무섭긴 무서웠나 봐요. 뭐가 무서운진 모르지만, '왜 그랬을까, 왜 그럴까?' 지금까지도 '왜 이렇게 저희 가족들이라면 정부에서, 경찰들이 왜 그럴까?' 그렇게 감추고 싶은 게 많고 드러내 보이기 싫은 그런 게 많은, 자기네 스스로 그걸 증명을 한 거 같아요. 면담 신청을 하러 가서 한 명 한 명 그렇게 해서 올라가면, 저는 민원실 안 가봤지만 걸어도 못 올라가게 "차로 모시겠습니다". 한 명씩 매일 한 명씩 이렇게 하는 걸로 이제. 그래서 저희가 그렇게 했거든요. 안산에서 저희는 올라오시는 분들 그 사람들 한 명 한 명씩…. 그러면 민원실에 미리 연락을 해서 다른 민원인들 한 명도 없게 만들고, 그리고 가가지고 "이

거 뭐가 잘못됐습니다. 다시 해오세요", "이거 뭐가 잘못됐습니다. 다시 해오세요", "조금만 기다리세요, 기다리세요". 다른 민원인들 한 명도 없게 만들고 민원실을 오픈을 했어요. 그리고 민원을 받으면 회신이 있어야 되는 게, 근데 단 한 번도 이때까지 회신을 받은 적이 없어요, "어떻게 처리가 되었다" [하는].

면담자　　　"접수되었다" 이런 것도 없었나요?

웅기 엄마　　네, 네. 그냥 뭐 받는 즉시 우리가 뒤돌아서 가면 쓰레기통에 던졌겠죠.

면담자　　　민원을 계속 넣었던 이유가 무엇이었나요?

웅기 엄마　　대통령 면담. 네, 대통령 면담. 대통령이 언제든지 만나주겠다고 했잖아요. 그렇기 때문에 그때까지 대통령 면담 요구하는 거죠.

면담자　　　만약에 당시 면담이 됐다면 어머니는 어떤 이야기를 하고 싶으셨어요? 계속 사실 기다리고 계셨잖아요.

웅기 엄마　　그죠. 거기서 지킨 이유가 대통령 만나겠다고, 대통령이 그전에 "한 점의 의혹도 없이 다 책임자 처벌하고 진실을 밝혀주겠다"고 약속을 했잖아요, 청와대에 가족들이 찾아갔을 때. 또 기자회견 할 때도 마찬가지고 전 국민 담화했을 때도…. 근데 그때까지도 "입 다물고 끝끝내 있는 이유가 뭔지, 왜 그렇게 해주겠다고 하고 안 해주고 있는지" 다시 한번 똑같은 질문 또 하는 거죠.

"왜 그때 당시 왜 그렇게, 어떤 연락책을 통해서 어떤 명령을, 구조 당시에 어떻게 아이들을 구조하라고 어떤 명령을, 어떤 보고를 당신이 받으셨는지. 어떻게 누구 통해서 어떤 경로로 알게 되고 어떤 경로로 지휘, 명령을 내렸는지, 구조 명령을 내렸는지, 그리고 앞으로 어떻게 해줄 건지, 정말 우리를 이렇게 억울하지 않게 책임자 처벌해 주고 진실 규명을 해줄 의향이 있는지, [그렇게] 해줄 건지…". 모든 부모님들이 다 그런 마음일 것 같애. 그런 질문을 하고 싶었을 거예요.

6
도보 순례

면담자   청운동에 있을 때랑 도보 순례는 약간 다를 것 같아요. 계속 걸어 다니시고 지역도 계속 바뀌고 지역마다 지지해 주시는 시민분들이라든지 아니면 경찰도 좀 달라졌을 거고(웃음) 그런 인상들이.

웅기 엄마   그냥 지금까지도 그래요. 지금은 어느 정도 시간이 지나서 "시간이 약"이라는 말을 조금씩 실감을 하고 그래요. 답답해서 너무 답답해서(한숨) 그냥 뭐라도 하고 싶어 미쳐 날뛰고 싶어요. 그 답답함을 어떻게 표현이 안 돼. 그래서 그런 생각을 했어요. 그냥 무작정 맨날 아무데나 휘젓고 다니고 싶고, 아까도 말씀드렸

다시피 '막 비 오는 날에 미쳐 날뛰고 싶은. 그럼 조금이라도 답답함이 풀릴까', 막 이런 생각, 많이, 지금도 하고 있지만 그때 당시에는 심했죠.

근데 도보, 진도까지 도보를 할 계획이라는 공지가 떴을 때 '아, 가야 되겠다', 이 생각[이] 딱 들더라고요. 그래서 제일 먼저 가겠다고 신청을 하고 청운동에 같이 있었던 ☆☆이 어머니, ☆☆이 어머니한테, 그 어머니들 팽목에 있었어요. 그때 당시에 청운동 접으면서 팽목으로 왔다 갔다 하고 있는 상황이었었고 그분들은 팽목에 거의 거주하다시피 있을 때인데, 저는 조금씩 왔다 갔다 하면서 그 어머니들한테 "이렇게 도보 계획이 발표가 됐는데 나는 걸을란다" 했더니 "언니, 우리도 또 해야 돼, 의리가 있잖아" 막 이래(웃음). 자기네들도 답답했을 거예요. 집에 못 들어가고 다시 청운동 접으면서 팽목에 또 내려가 있는 거 보니까. 그 어머니도 답답했을 거예요. "그럼, 걸어야지. 걸어야 되지 않겠어".

나는 먼저 올라오고 그분들도 거기 맞춰 올라왔더라고요. 그래서 이제 걷기 시작을 했지요. 처음에는 안산에서 수원, 수원에서 1박하고 수원에서 그다음 날 오산. 정말 처음에 시작할 때부터 많은 분들이 함께, 함께해 주시고 가는 곳마다 길에서조차 응원해 주신다는 분들…. 근데 제가 그 응원해 주는 그때 중간중간에 한 분, 어쩌다 하루에 몇 분 정도는 막 욕하시는 분들 있으세요. 연세 지긋하신 분들….

제가 광화문에 있을 때부터, 청운동에 있으면서부터 그런 생각을 했어요. 진짜 막 그렇게 할 수도 없는 성격이지만 '그냥 너 죽고 나 죽고 막 이렇게 싸우고 싶다'는 그런 생각이 들 때가 있어요, 치밀 때가. 근데 그렇게 막상 하라고 하면 하지는 못하지만 그런 화가 치밀어 오를 때가 있어요, 그런 분들 있을 때. 근데 지지해 주시는 분들이 더 많거든요, 그런 분들은 어쩌다 한 번이고. 그리고 집회 현장에는 어머님이라든가 무슨 이상한 교회, 이윤상 목사님도 물론 청운동에서 함께한 분이 계속 함께해 주셨지만, 그분도 인정 안 하는 이상한 교회 집단, 하나님의 이름으로 걸고 십자가 들고 와서 막 그렇게 우리를 맞대응해서 하시는 분들 많이 단체로 오셨지만…. 저분들은 극히 일부고 우리 응원해 주시고 지지해 주시는 분들 100명이면 '저분들 한 분하고 우리 쌤쌤 해야 되겠다' 받아들일 정도로 그렇게 마음을 먹었어요.

도보를 하면서도 그런 분들이 그렇게 계시더라고요. 어느 순간부터 그냥 얼굴 이렇게 그래, 그냥. 이렇게 지나가게 되면서 그렇게 도보하면서 많이 응원을 받으면서, 또 중간중간에 1박을 할 수 있게 해주시는 단체들 연대해서, 민주노총이라든가 농민회라든가 그런 분들의 응원이 제일 많았죠. 같이 함께해 주시고 차량 지원, 앞에서 차량 지원 에스코트해 주시고, 경찰이 없던 구간도 많아요. 그러면 정말 위험한 상황에서 저희끼리 인솔자들 주변에 봉사하는 그분들이 가족들하고 아빠들하고 또 이렇게 봉사활동 해주시는 분들이 차량 통제해 가면서 욕먹어 가면서, 경찰 없던 구간도 많았거든요, 그렇게 해가면서 감사한 분들 많았고.

또 정말 광주에서는 정말 깜짝 놀랐…, '광주가 이래서 광주구
나'. 경찰들이 폴리스라인을 만들어서 경찰들이 저희 가족들을 딱
일렬로 차선 라인에서 저희를 보호해서 끝까지 광주 벗어날 때까
지…. 그건 정말 잊혀지지 않아요. 그리고 도로변에 있는 현수막.
저희는 안산조차도 띄엄띄엄…, 그때 당시만 해도 훼손이 그렇게,
열심히 달아놓으면 훼손시키고 띄엄띄엄 그나마도 있는 그 현수
막. 광주는 그냥 2, 3메다[미터] 나무마다 또 문구조차도 그냥 개개
인이 그런 문구조차가[문구조차도] 함께해 주신다는 거에 정말 감동
이었어요. 광주, 매 순간이 감동이었지만 광주는 정말 감사하게 감
동적이었어요, 정말 잊혀지지 않을 정도로…….

면담자   어머니, 안산에서 팽목까지 걸어간다는 게 쉬운 일
이 아니잖아요. 발에 물집도 많이 잡히고 힘드셨을 것 같은데요.

웅기 엄마   체질인가 봐요(웃음). 물론 간다 그리고 하니까 큰아
들이, 큰아들도 같이 시작하고 따르긴 했지만 걔도 답답하면 그렇
게 좀 했었는데, 근데 부모님 틈에 끼어들 수도 없는 또 자식 입장
이다 보니까. 또 성격적으로 많은 사람들한테 막 그런 거를, 저도
그런 성격인데 걔는 조금 더하죠, 젊으니까. 그래서 신발을 "엄마,
신발을 잘 신어야 돼" 그래서 신발을 한 켤레 걔가 사줘 가지고, 운
동화를 트레킹화를 사줘서 물집 하나 없이. 물론 저녁에 도착해서
풀어지면서 온 몸은 아프죠, 근육통에다가…. 근데 물집 하나 없이
잘 도착을 했어요, 발은 편안하게. 물론 아프죠, 매일 진통제하고

근육 이완제 먹으면서.

그리고 제가 그 당시에, 그 전해에 2013년도에 무릎 수술을 했었어요. 1년이 안 된 상태였었어요. 그때 당시 사고 났을 때가 완벽하게 걷기까지가 1년이 되고 그다음에 정말 수술 절차로 돌아갈 수 없는 그런 무릎일 거라고. 근데 그 1년 동안 너무 많이 움직였잖아요. 그래서 지금 쪼그려 앉고 많이 걷고 하는 게 굉장히 부담이 됐는데 후유증이 지금 나타나고 있어요. 30분이라도 잠깐 쪼그리고 앉았다 일어나면 다리를 못 움직일 정도로 걷는 게 힘들 정도로 지금 그런데, 그때 당시에 진도까지 도보할 때는 괜찮았어요. 약 먹으면 어느 정도 통증이 잊혀지고 뭐 무릎뿐이 아니라 온몸이 다 아팠을 때니까.

그런데도 그것도 사실은 그 정도 추우면 춥다 소리, 더우면 덥다 소리, 그때 당시 추웠죠. 1월 말, 2월. 감히 못 했어요, 아프다 소리 못 하고(울음) 해선 안 될 것 같고, 특히 춥단 소리, 춥단 소리는…(울음) 평생 못 할 것 같애, 해선 안 될 것 같고…. 괜찮았어요, 함께해 주시는 분들이 많아서 (울먹이며) 힘들지 않게 진도에 도착해서 많은 분들이 미리 팽목으로 전국에서 집결을 해주셔서 맞아주시고. 항상 그래요. 우리가 이렇게 지지는 받아도 되지만, 응원은 받아도 되지만 '대접받듯이 접대받듯이 이런 호강을 누려도 되나. 우리가 뭐라고'. 지나친 접대, 지나친…. 그거는 절대, 너무 과분하다는 생각이 들더라고요. 정말 감사하죠. 정말 감사한 그런 응원 덕분에 전부 다 시작했던…. 그때 당시에 처음부터 끝까지 걸으셨던 부모님들이 이십 몇 분이셨는데 한 분도 낙오 없이 잘…. 때로는 그런 게 너무 죄스럽기도 해요. 지나친 응원이 죄스럽죠. 정말 죄스러워서, 근데 그분들의 마음이니까 마음으로 감사히 받아서 지금 열심히 싸우고 있는 거죠.

7
동거차도 감시활동

면담자   어머니, 동거차도 가서 보니까 그때 경빈 어머님이랑 순범 어머님이랑 웅기 어머님 이렇게 가장 멀리 있는 위험한 나무, 큰 나무에 아이들 이름 적어서 매셨던데, 동거차도에 언제 가셨고 가셨을 때 이야기 해주세요.

웅기 엄마   제가 적어놨는데 기억이 안 나요, 언제 갔는지(웃음).

면담자   10월인가 11월인가.

웅기 엄마   네. 가긴 갔죠, 갔었어요. 가서 저는 그렇게 현장에 가깝게 섬이 있다는 걸 미처 생각을 못 했어요. 사실은 저희가 사건 이후에 진도체육관에서 "아이들이 들어오는 데가 팽목항이다" 그래서 팽목항이라는 데 있는 줄… 팽목항이라고 그때 알았고. 팽목항에서 저희 가족들 처음 태우고 현장으로 나갔을 때 2시간이 넘게 [걸려서] 그 현장에 도착을 했어요, 큰 여객선으로 나갔으니까. 이렇게 2시간 거리, 2시간 30분 거리…. 근데 거기 팽목에 그동안

다니면서 쾌속정을 타니깐 40분이면 도착하는 그런 거리라는 걸 뒤늦게 알은 거죠. '이렇게 가까운 거린데 왜 아이들을 구조를 안 했지?' 그러고 있다가 뒤늦게 동거차도라는, 인양 이야기 나오고 동거차도라는 섬이 있어서 거기서 가족들이 인양 과정을 지켜볼 계획이라는 거 얘기 들으면서, 이렇게 가까운 데도 섬이 있다는 걸 또 알은 거예요, 뒤늦게. 가서 보니까 정말 그 현장에서, 그 섬에서 그 현장까지는 5분도 안 되는 뱃거리…, '이렇게 가까운데, 왜 이렇게밖에 할 수 없었을까. 왜 이랬을까, 왜 아이들을. 그 많은 희생자들을 냈을까'.

그러고 저희가 텐트 친 자리가 다 돌산이에요. 큰 바위에 산꼭대기 능선에 다 바위예요. 꼭대기는 바위고 조금씩 몇 발자국 벗어나면 이렇게 비탈지듯이 나무들이 작게, 거기서부터 나무들이 있고 풀이 있고 흙이 있고 이런 덴데, 저희 텐트 친 자리는 완전 돌인데 큰 바위 윈데 거기 굵은 쇠파이프가 이렇게 기둥이 박혀 있더라고요. 그래서 '이거를 어떻게 텐트를 쳤을까'. 물론 그 파이프에 천막이 얼기설기하지만 '이 파이프를 어떻게 박았을까' 그 생각에 물어보니까 우리 가족들이 그렇게 파이프를 박은 게 아니고 사건 당시에 기자들이 친, 기자들이 만든 텐트 자리라고 얘기를 하더라고요. 그 파이프를 그때 당시에 기자들이 박은, 물론 지네들이 박은 건 아니겠지만 그때 당시 사용하던 그 텐트 자리라고 하더라고요. 그래서 언론에 대해서 또 한 번 실망을 한 게, 그 사람들은 그때 당시에 현장에서부터 그걸 취재하고 있었다는 게, 그건 한 번도 안

84

용기 엄마 윤옥희

나왔다는 게 언론에…….

　　　거기서 보면 되게 가깝잖아요.

웅기 엄마　　　네. 저희가 카메라로 잡으면 다 보이는, 그 현장이 그대로 잡힐 수 있는…. 근데 그런 게 언론에 한 번도 안 나, '많은 분들이 알고 있었을까, 나만 그때 알은 건가' 하는 생각이 드는 거예요. 그때 당시, 그러니까 그 기자들은 그때 당시 장면들을 다 기록에 담아서 가지고 있다는 얘기겠죠. 그래서 또 한 번 놀랐고 기가 찼고 어이없고…. 1.6킬로미터, 그 섬하고 거기가 1.6킬로미터라는 데 물론 평지에서 보면 엄청나게 멀긴 하겠지만, 저희가 이렇게 내려다보니까 가깝게 느껴질 수도 있는 거지만 그래도, 그래도 다 아이들이 나왔으면 아마 그 많은 어선들, 주변에 있는 어선이라든가 구조 인력들이 쉽게 다 구조할 수 있는 그런 상황인데 '왜 이렇게밖에 될 수가 없었을까' 그런 거 보면서 또 한 번 느끼고….

　나오는 날, 나오기로 계약되었던 때가 풍랑주의보가 떠서 배가 안 와가지고 배를 못 띄워서 저희가 내려간 날부터 오는 날까지 10일을, 만 10일 만에 올라왔어요. 거기서 이틀 동안 섬에서 더 있었었죠. 7일인데, 이틀을 더 있고 9일에 또 올라와서 그렇게 해서 만 10일 만에 나오게 됐는데, 뭐 힘든 건 없어요. 그게 뭐가 힘들겠어요. 눈보라, 막 눈 왔다가 낮에는 영상으로 올랐다가 그래 가지고 반팔 차림에 더워서 헉헉거리고 있다가 그때 당시 그러다가 또 추워지면 눈보라 날렸다가, 그래 가지고 거기서 감기를 심하게 되게 앓았어요. 잠을 못 잘 정도로 기침이 쏟아져서 제가 약을 잘 안 먹는 성격이거든요. 그래서 약발이 되게 잘 받아요. 약을 거의 안 먹다시피, 약 한 번 틀어 먹으면 남들 일주일 먹을, 일주일 먹어서 느껴야 될 약 효과를 저는 약 한 봉에, 약 효과를 굉장히 약발이 잘 받아요. 제가 오죽하면 한 이틀 동안 고생하면서 또 저 때문에 다른 어머니들이 잠을 못 자니까, 약을 먹고 나오기 전에 벌써 감기가 싹 나아가지고 나왔어요.

면담자   주로 밤에 인양 감시를, 밤에 작업을 하니까, 할 때 렌즈로 보는 게 쉽지 않으셨을 것 같은데요.

웅기 엄마   솔직히 저희가 본다고……. 크레인 왔다 갔다 하고 배가, 그 큰 바지가 정면을 저희 쪽을 향해 있지 않고 등 쪽을 저희하고 향해 있어요. 앞쪽으로 큰 크레인이 있고 이렇게 보면 저희가 보기에 이쪽 좌측에 작은 크레인이 있고, 뭔지 모르지만 큰 크레인이 움직일 때는 뭔가 올라올 때고 작은 크레인이 움직여서 올 때면 육지에서 사람이라든가 물품 조달이라든가, 이렇게 배가 올라올 때 작은 크레인이 움직이기도 하고 이런데…. 저희가 솔직히 본들 알겠어요? 그렇잖아요, 움직이는 거만 볼 뿐이지. 거기서 뭐를 끌어올리는지 그리고 뭔가 움직일 때는 안 보이게 더 돌려서 작업을 해요. 근데 아무리 옆에서 저희가 망원렌즈로 들여다본들 저희가 뭘 알겠냐고요, 무슨 작업을 하는지. 근데도 그것조차도 보이지 않으려고 하는 거는 진짜 치사하죠. 어이가 없고 기가 막힐 노릇이고

'감추고 싶은 게 많구나. 보이고 싶지 않은 뭔가가 있구나' 그렇게 밖에 생각이 안 들어요.

면담자   동거차도에 들어가고 나오실 때 배도 타야 되고 그 현장을 다시 보는 게 어려우셨을 것 같은데, '그래도 가야겠다, 잘 안 보이지만 계속해야겠다' 생각하셨던 이유가 무엇인지요?

웅기 엄마   우선은 지금까지도 가족들이 지키고 있는 게, 본들 [뭐 하는지] 모르겠지만, 그래도 '우리 가족들이 끝까지 너희들 지켜볼 거야. 지켜보고 있어' 하는 무언의 압박감[을] 주고 싶고, 또 그 현장을 자꾸 오며 가며 보잖아요, 매일 내려다보고…. 자꾸 그때 당시 상황이 머릿속에 그려지죠. 지금까지도 언론에서 이렇게 한 번씩 그 배 사진 나오면 똑바로 못 쳐다보는데, 그래도 지금은 흘끔흘끔이나마 자꾸 보지만 못 봤죠. 계속 못 봤는데 그게 이제 머릿속에 그려지죠, 그때 당시 그 상황이. 그리고 미수습자들이 아직도 그 안에 있다는 게, 다른 어머니들하고 계속 그런 얘기를 하죠. "내 새끼가 저기 있었다 그러면 어땠을까", "우리 아이들이 아직까지도 저기 있었다면 어땠을까", "그냥 무의식적으로 이렇게 뛰어들 것 같은 느낌이 들지 않을까", "내가 가면 꼭 내 아이 찾을 수 있을 것 같은 그런 느낌이지 않을까, 그런 마음이지 않을까" 그러면서 미수습자 부모님들, 가족들 다시 한번 그 마음 또 생각해 보게 되고…. '인양될 때까지 꼭 있어라' 그러죠.

8
교황 방한, 그리고 시국미사

면담자　　　어머니, 교황이 방문하셨을 때 아무래도 신앙인이셔
서 의미가 남달랐을 것 같은데요.

웅기 엄마　　　교황님 오신다는 소리에 저희 식구들 모두, 저희를
생각하는 전 국민이, 다 아니고 저희를 생각해 주시는 국민들. 교
황님이 오시면 뭔가 진짜 달라질 수 있을 것 같은 그런 느낌이었어
요. 그래도 세계 정상들하고 맞먹는, 세계 정상들이 그렇게 어려워
하는 최후[최고]의 종교계 지도자께서 오신다는데 '이 정부가, 대통
령이 뭔가 좀 달라진 듯한 모습을 보이지 않을까'. 저희가 그때 당
시에 교황님 그 자리 차지하려고 조율하고, 조율하고 서울교구하
고 정부하고 유민 아버님 단식하고 계실 땐데….

　　　그렇게 해가지고 저희가 새벽 3시에부터, 새벽 3시까지 시위하
고 쉬는 공간에 세종문화회관 계단에서 저희가 밤을 샜어요. 계단
에서 그냥 돗자리 하나 깔고 쭉쭉 그냥 그거 깔고 노숙을 하고 새
벽 3시부터 입장을 해가지고 거기 들어가서 교황님을 뵈었는데, 그
때 당시 옆에 [있던] 아버님이, 승묵이 아버님이 저한테 말씀을 하
시더라고요. "웅기 어머니", 제가 신자라는 거 아시니까, "근데 교
황님께서 우리 가족들 안 쳐다보고 그냥 쌩 지나가시면 어떻게 하
지?" 그래도 가족들 한 번 아는 척해주면 정부가 변할 것 같고…,
대통령이 변할 것 같은 그런 희망을 다 품고 있었던 거죠. 교황님

께서 우리 가족들 아는 척만 해주면 뭔가 변화가 될 거라는 기대가 요. 그러니까 그 아버님도 저한테 그렇게 물어보셨겠죠. "교황님께 서 우리 가족들 아는 척 안 하고 그냥 생까고 지나가시면 어떡하 지?" 그래서 제가 그때 당시에 그랬어요. "절대 그러실 분이 아니시 다. 교황님은 분명히 우리 가족들 알아봐 주실 거다" 그런 대답을 하고 교황님께서 오셔서 한 번은 그냥 지나가셨어요. 그때 당시 군 중을 앞으로 해서, 광화문 앞으로 해서 다시 저희 있는 쪽으로 이 렇게 다시 두 번째 돌아오실 때 유민 아버님 보시고 저희 가족들 보시고 차에서 내리셨잖아요.

내리시기 직전에 그냥 막 무조건 "저희 좀 봐주세요, 저희 좀 봐 주세요" 이렇게 환영하고 그런 게 아니라 "다 앉자, 앉아서 소리 지 르자. 비바 파파(Viva Papa)[교황님 만세라는 뜻] 소리 지르자" 그때 당시 문[정현] 신부님께서 아마 그렇게 뒤에서 해주셨던 거 같아요. "비바 파파를 구호 외치자. 앉자. 일단 전부 다 똑같이. 예를 들어 서 서서 그러면 눈에 안 들어올 수도 있으니까 [앉아서] 비바 파파 외치자" 저희끼리 앉았어요. 가족들 다 앉아서 피켓 들고 "비바 파 파"를 외쳤죠. 교황님께서 보셨어요. (울먹이며) 그리고 내리셔서 유민 아버님 위로해 주셨고 우리 가족들 위로해 주셨고, 그리고 대 통령 만나고 일정 마치시고 돌아가셨는데 달라지지 않더라고요.

제가 천주교 신자면서[신자라서] 참 많이 "당신네 주교, 추기경 님 왜 그래?" 이런 얘기 진짜 많이 들었어요. 같은 천주교 신자들끼 리도 추기경님 욕을 하죠. "종교계에서 제일 그래도 큰어른이, 우리나라에 어른이, 그래도 이건 아니지 않냐"고, 대통령하고 얘기를 좀 해줬으면 좋겠는데 안 하시고 끝끝내 추기경님 두 분이 버티시는 거에 대해서 많이 실망했죠, 부끄럽기도 했어요. 천주교 신자라는 게 냉담자이지만은 부끄럽기도 하더라고요. 그 뭐 종교계가 나선다고 [뭐가 되겠어요?] 아니, 근데 그분들은 "종교계가 정치에 개입돼서는 안 된다"[고 주장하는 사람들인데]. 근데 또 "종교계조차 입 다물고 가만히, 이 혼란스러운 이 세상, 이 사회, 정치에 종교계마저 입 다물고 있으면 이 세상을 바꿀 사람이 누구냐"고 그렇게 말하는 분들도 있으시니까.

그래서 신부님들, 수녀님들 많이 움직이시고 지금까지도 또 자부심을 한편으로 느끼는 게, 지금까지도 팽목이라든가 광화문이라든가 계속 천주교 종교계에서 아직까지도 미사 계속 진행이 되고, 그리고 지켜주시는 것만으로도 자부심을 느껴요, 천주교인으로서. 지금도 얘기하지만 "가끔 그 팽목까지 지켜주시고 그 자리 계셔주시고 빈 성당인데도 그렇게 매일 와서 달랑 신부님 혼자서 미사를 봉헌하시더라도 오셔서 지켜주시는 거 감사해야 되지 않느냐". 물론 그분도 감사해야 되는 게 아니라 당연히 하셔야 되는 거고, 욕하기 이전에 그래도 "이렇게 해주시는 건 그거밖에 없지 않느냐". 그분들이 근데 뭐 정부가 귀 닫고 입 닫고 눈 감고 저러고 있는 거에 대해서 버텨낼 재간이 없는 것 같아요.

면담자　　어머니, 잠깐 쉬었다가 할게요.

(잠시 중단)

웅기 엄마   시국미사로 갔다는 게 사람들이 좀 인식을 하고. 지금 80년대도 아니고 [시국미사를 이해 못 한다는 게] 기도 안 찬 거예요, 근데 사람들이 그걸 인식을 못해.

면담자   위로미사에서 시국미사로 바뀐 지가.

웅기 엄마   오래됐죠, 시국미사로.

면담자   저는 처음에는 위로미사.

웅기 엄마   네. 시국미사예요, 이제는. 시국미사로 진행되고 있어요, 월요일 날. 그래서 더 많은 분들이 수녀님들이, 정의구현사제단 또 정의평화사제단 더 많은 신부님들이…. 보통 이제 교구별로 돌아가시더라고요. 교구별로 요번엔 니네, 요번 주엔 니네 이렇게 해서…. '그래 아직도, 그래 이렇게 깨어 있으신 분들이 계시니까 분명히 변화는 올 거야, 변화는 될 거야'. 문 신부님을 붙들고 얘기를 했어요. "신부님, 지금 모든 사람들, 하다못해 박근혜 저 대통령 죽이고 싶은 이런 마음인데 이런 마음 품고서 신자 노릇 해도 될까요?". 신부님께서도 사제이시니깐 뭐라고 답은 못 하시고 답답하신 거죠. "아유, 사제인 나도 그러고 싶어, 내가 더 그러고 싶어. 당연한 거야, 괜찮아" 그렇게 말씀을 하시더라고요.

그리고 엊그젠 광주 갔을 때 목사님, 장헌권 목사님한테 제가 그런 말씀을 드렸어요. "전두환부터 이명박, 박근혜. 특히 5·18하고 관련된 전두환이… 목사님, 저 사람들은 저렇게 이런 일을, 이 난을 저렇게 벌려놓고도 저렇게 잘 먹고 잘사네요. 하느님은 계신

걸까요?" 내가 그랬는데, 목사님 말씀이, "사는 게 사는 게 아닐 거"
라고, "산목숨이 산목숨이 아닐 거"라고. "저게 정상적인 삶이겠냐"
고. 근데 제가 보기엔 잘 살잖아요. 얼굴에 철판 깔고 아주 떳떳이
당당하게 뻔뻔하게 그렇게 살고 있는 것처럼 저희는 보여지는데,
그래도 하느님 모시고 사는 목사님께서 무슨 말씀을 하실 수 있겠
어요. "분명히 산목숨이 산목숨이 아닐 겁니다. 어디 한발자국 지
멋대로 움직이지 못하고. 그렇게 믿으시면 될 겁니다" 목사님께서
그러시더라고요.

9
나를 분노케 한 사람들

면담자   활동 중에 본인을 화나게 했던 사람이라든지 사건이
있으셨나요?

웅기 엄마   순간순간 소소하게는 많죠. 집회 현장, 시위 현장 이
렇게 나가면 경찰들, 특히. 근데 '니네들은 또 뭔 죄냐' 하는 생각이
들어요. '니네도 정부에 힘없이 끌려 나온, 불려 나온 똑같은 젊은
청춘들인데' 그런 생각이 들다가도, 뒤에서 걔네들을 지휘하고 조
롱하는 권력들을 보면 정부가 낄낄거리고, 지네들은 비가 장대비
가 쏟아지는[데] 애들 앞에 내세우고 부딪히는 문제에 젊은 애들 앞
세우고, 또 경찰들 보면 맨 앞줄에는 정말 배리배리, 애리애리한,

정말 우리 아이들 같은 아이들 다 내세우고 뒤에는 막 이렇게 이런. 엄마들이 걔네들 눈을 보면 차마 못 저기 하죠. 걔네들도 마찬가지 일 것이고…. 어쩔 수 없이 걔네들도 부딪혀야 되는 부분에서 부딪힌다는 거, 근데 뒤에서 이죽이죽하면서 흐느적흐느적 이런 애들 보면 화나고.

또 시위 현장 같은데서 보면 어버이연합이라든가 무슨 월남 참전 용사라고 군복에 뭔가 더덕더덕 붙인 할배들 와서 막 떠들 때 '저 사람들도 사람인가' 싶은 생각이 드는 거예요. '아유, 맞대응하지 말자. 저 사람들 또 건수 하나 잡으면 우리 가족들 세월호 가지고 그런 것만 이슈가 될 텐데', 하래도 못 하지만 저 같은 경우에는. 또 많은 가족들 있을 때 그렇게 꼭 화 못 참고 하시는 분들이 계세요. 가족들 화나죠. 내가 하고 싶은 거 그분이 할 때는 대리만족도 느끼고. 그런데 또 그럴 때 자제시켜야죠. 그걸로 또 이슈가 돼서 "세월호 가족 술 먹고 싸웠다", "술 먹고 폭행했다" 그런 거만 이슈화시켜 버리니까 그런 언론에 대해서 화가 나고.

또 가족들 간에도 가족들을 욕 먹히는 일을 할 때 이슈화가 돼가지고 가족들한테도 화가 나는 때가 있어요. '그거 잘못해서 왜 그렇게 가족을 통째로 욕을 먹이지[먹이냐, 너네]'. 나가면 그래요, "너 왜 그때 그랬어". 당사자가 내가 아니지만 세월호 가족을 통째로 보니까, 전체적인. "왜 그랬어, 너네?" 이렇게 말을 하시는 분들 많거든요. 그건 순수하게 그 사람 개인적인 문제지 우리 가족을 싸잡아서 통으로 얘기할 때 답답하고 화나고, 소소하게는 다 그렇고.

크게 개인적으로 나한테 상처주고 힘들게 하고 부딪혀 본 적이 없어서.

근데 별의별 사람이 참 많아요, 팽목에서 있다 보니까. 그때는 안산에서 매일 차가 내려왔잖아요. 매일 차가 내려오는데 정말, 저희 가족들과는 [달리] 언제든지 잠자리 제공되고 먹을 게 있고 그런 걸 이용해서 오시는 분들이 너무 많았어요. 제가 이제 생각나는데, 또 잊고 있었던, 팽목에서 제가 고소를 당한 적이 있어요. 저도 몰랐는데 어떤 애기 엄마가, 그 애기 엄마가 저희 도보 끝내고 딱 갔는데 그때부터 시작이 됐어요. 그때 팽목에 와 있더라고요. 근데 어떻게 내려왔냐면, 오늘 이제 가족들 도보단이 팽목에 도착하는 때라 전국에서 집결했는데, 대한문에서 출발하는, 팽목으로 출발하는 그 차량에 타고 온 애기 엄마예요. 초등학교 3학년, 4학년 되는 여자 애기 하나 데리고 그 엄마가 내려와서 거기서 처음 봤어요. 애기는 그냥 그 사람 많은 데서 천방지축 막, 그 상황이 신난 거죠. 그 많은 사람들에 먹을 거 많고 사람들 많고 잠잘 자리 있고 안 올라가더라고요, 며칠 지나도.

근데 웬만큼 다 철수를 했는데 그 애기 엄마는 안 올라가더라고요. 그때 당시 거기 시작이 됐나, 뒤늦게 또 와서 시작이 됐나. 그때 당시 아마 그랬을 거예요. 한 일주일 됐는데 웬만한 사람 다 가고 가족만 남고 봉사자들 몇 명만 남았는데 그 어머니는 안 가더라고요. 그래서 "애기 학교 안 보내요?" 내가 그 소리 한 적도 있어요. 그랬더니 뭐라고 했는지는 기억은 안 나는데, 애기가 엄마가 전혀 케어가 안 되는 거예요. 하다못해 머리는 그냥 몇 날 며칠 수세미처럼 빗질을 안 해가지고. 예쁘게 생긴 여자아이였는데. 그리고 머리가 듬성듬성해요, 막 중간중간 가위질을 해가지고. "애기 학교 안 보내냐, 애기 좀 어떻게 단속 좀, 좀 돌봐줘라" 이런 얘기도 했었고. 근데 봉사자가 자고 일어나면 청소하라고 아마 얘길 했던 거 같애요, 그 엄마한테. 그랬더니 애기를 시키는 거예요. 그래서 내가 아니라고, "애기야 너는 하지 말라"고 "누구야, 너는 이런 일을 할 그런 건 아니야"라고 말렸던 기억이 나고…….

시작이 어떻게 됐는지 모르지만 자기가 막 하다못해 방안에 있는 조그만 냉장고까지 막 바깥으로 숙소에서 집어 던지더라고. 바깥으로 청소하랬다고, 다 집어 던지는 거예요. 정리되어 있던 물건까지 막 옷걸이 걸려 있던 것까지. "멀쩡하게 있는 건데 냅두지, 왜 이런 것까지 이렇게 하세요" 이러고 말았는데 조금 있으니까 없어졌어요. 오후에 차를 태워서 올려 보낼 생각이었는데 가라고 할 마음이었었는데 없어졌는데, 좀 있다 술을 엄청 먹고 왔어요. 그때가 점심때 정도밖에 안 됐는데.

그래 놓고는 거기서 매일매일 많은 분들이 찾아오셨었는데 그분들을 앉아서[앉혀놓고] 이상한 소리 자꾸 하길래 내가 살짝 불렀어요. "어머니 이제는 가셔야 될 것 같다"고 "애기 데리고 올라가시라"고 "여기 왜 와 있냐?"고 내가 그랬어요. "여기 왜 와 있냐?" 그랬더니 당신 똑같은 처지라 와 있대요, 나더러. 그래서 "똑같은 처지가 어떤 처진데요" 그랬어요. 제가 막 소리 지르고 흥분하는 성

95
•
2회차

격은 아니거든요. 근데 "똑같은 처지라 와 있어요, 왜요?" 삐딱하게 이러더라고요, 담배 피면서. 뒷문으로 살짝 사람 없는 데로 불러내서 얘길 하는데 "똑같은 처지가 어떤 처진데요?" 이랬더니 "먹을 거 없고 입을 거 없어서 있어요" 이렇게 얘길 하더라고요. 그 말에 제가 이제 확 화가 나가지고 "당신 눈에는 우리가 지금 먹을 거 없고 입을 거 없어서 여기 있는 거처럼 보이느냐?" [따졌더니], "그래요, 왜요?" 막 이래요. "우리 자식 잃고, 진실 규명하자고, 자식 잃고 아파서 이렇게 있는 부모님들한테 그게 무슨 소리냐?, 당장 가라"고 내가 그랬어요. "당장 가라"고 그랬더니 싫대요. 이게 다 국민들 세금으로[세금이라서] 자기는 권리가 있대요. "당장 나가라"고 내가 그랬더니 확 화를 내고 막 부들부들하더라고요.

그리고 아마 제가 그날 올라올 계획이 있었던 거 같애서 올라왔어요. 그 애기 엄마 그날로 짐을 싸가지고 없어졌다고 하더라고요. 아, 그다음 날 올라왔구나. 없어졌는데 새벽에 보니까 화장실 가니까 지가, 그 사람은 양말 하나 옷 하나 없이 거길 온 거예요. 애기는 내복 바람으로 뛰어다니고 거기서. 거기 있던, 니 옷이니 내 옷이니 구분 없이 막 입다가 속옷도 막 입다가 욕실에다가 다 패대기쳐 놓고 갔더라고요, 그것도 새벽에 들어와서 몰래.

그리고 저 그다음 날 올라왔는데 경찰서에서 전화가 왔어요. 진도경찰서라고, 아빠들한테 전화가 왔나. 밤새도록 경찰들이 와서 아빠들 두 명하고 나하고 누구 엄마가 고소를 했다고, 와서 조서 꾸미라고 조사받으라고……. 112에다 계속 신고를 했대요. 그래 가지고 112에다 신고하면은 경찰들이 그냥 와서 "그런 일이 있었습니까, 한번 오셔서 조사받으세요" 해야 되는데 정보과 형사들이 그냥 무더기로 와가지고, 우리 가족들한테. 그래 가지고 아빠들 문제는 뭐 어떻게 변호사하고 잘…, 저는 "그냥 알았습니다, 제가 내일 내려갈게요" 저 혼자 찾아갔어요. 다시 내려왔어요. 경찰서 가서 영화에서나 보던 텔레비전에서나 보던 그 취조실 들어가서 지금 생각하면 또 그것도 잘못된 거라 그러대요. 그냥 일반 사무실에서 이렇게 오픈되게 이렇게 했어야 되는데 거기 굳이 들어가야 될 이유가 없다고 얘기하더라고요. 거기서 그건 잘못된 거라고 얘기하더라고요.

면담자   그렇죠, 범죄 이런 것도 아니고.

웅기 엄마   네, 네. 내가 뭘 잘못해서, 난 아무 일도 없었었는데 혼자 갔어요. 가협[4·16세월호참사가족협의회] 쪽에다 일단 이야기는 하고 변호사하고 동행해서 같이 가라고 하는데 변호사님 그날 저녁에 늦게 몇 시에 온다고 그냥 나 혼자 가겠다고. 내가 걸릴 것도 없고 혼자 가겠다고 해서 가서 한 2, 3시간? 그랬더니 모욕죄래요. 저는 모욕죄, 자기를 거기서 내쫓았다고 나를 모욕죄로 고소를 했대요. 그래서 내가 그때 "마지막 말로 하고 싶은 얘기 있습니다". 내가 오히려 그 엄마를 무고죄로 고소를 하고 싶은데 내가 그건 안하고 "오히려 내가, 우리 가족들이 모욕을 받았다. 먹을 거 없고 입을 거 없어서 여기 있다고, 그 애기 엄마 그 말에 내가 더 심한 모욕을 받았다" 그러고 왔죠.

　몇 달 후에 "혐의 없음" 서류가 집으로 날아오더라고요. 너무 어이없는 기가 막힌 그런, 현장에 가니까…. 그리고 매일 그런 많은 분들에, 정말 많은 사람들을 "저 사람 그냥 올려 보내라" [하지 않을 수 없는 그런], 이상한 사람이고 그냥 그런 분들이 너무 많았어요. 단순히 진짜 함께하자고 위로하자고 오는 분들이 아니라 '진짜 내려 보낼 때도 걸렀으면 좋겠다'는 생각이 들더라고요. 근데 그런 사람들이 팽목에 있는 가족들 위로하러 간다고 가는데 어떻게 거를 수가 있겠으며, 그죠?

　칼을 품고 와가지고 버스에서 어떤 아저씨가 올라오는 길에, 전날 내려와서 올라오는 버스 어떻게 같이 타는데 계속 뭐라고 얘길 하는 거예요. 둘밖에 안 탔는데 별의별 이상한 소리를 해요. "자기가 개농장 하면서 개 잡는 사람이다" 해가면서 칼을 항상 품고 다니고…, "자기는 누구라도 다 할 수 있다"는 둥 칼을 보여주는 사람이 있는가 하면. 무서워서 혼났어요. 안산에 올라와서도 자기 차를 타라고요. 제가 올림픽회관 앞에…, 그때 올림픽기념관 거기서 차를 승하차를 했을 땐데 제가 그때 택시를 기다렸나 아들을 기다렸나. 안 가고 자꾸 두 번이나 돌아와서 자기 차를 타라고 자기가 "데려다주겠다"고, [저는] 아니라고 괜찮다고, 별의별 사람이 진짜 많았어요.

면담자　　　사실 그런 분들은 말도 섞기 싫은데요.

웅기 엄마 윤옥희

웅기 엄마　　　네, 정말. 그렇다고 안 할 수는 없고요. 저는 될 수 있으면 사람들하고 말하고 이렇게 하는 거에 대해서 지금도, 지금까지도 그래요. 이렇게 어디 가서 가족이 아닌 줄 아는 사람이 많아요, 가족끼리조차도 저를. 이게 성격 탓이기도 하지만 괜히 한번 이렇게 트고 나서 지나치게 가까워지는 것도 싫고, 또 분명히 가까워지다 보면 상처 주게 돼 있고 상처받게 돼 있고 그러니까 어느 정도 거리를 정해놓고 딱 할 정도만 했으면 좋겠다는, 좋은 그런 마음을…, 마음이 아니라 저는 그냥 이게 성격인 거 같애.

10
고마운 사람들

면담자　　　이상한 사람들도 많았는데 좀 위안이 됐던 사람도 있죠?

웅기 엄마　　　많죠, 정말 많죠. 많은 분들이 생각나요. 국회, 청운동, 국회 있을 때부터 많은 분들이 와서 "필요한 거 있으시냐"고 물어보고 소소하게, 또 저기 광화문으로 내려와서 "자기가 해줄 수 있는 건 아무것도 없다"고 갑자기 일어서서 나갔다 오시더니 30분 후에 돈을 가지고 오셔서 "밥 사 먹으라"고, 아니라고 절대 아니라고 "저희 가족들 이런 거 안 받는다"고 차라리, 그때 국회 농성 접기 전이었나 봐요, "이거를 간식거리를 사들고 그냥 국

회로 가셔서 가족들한테 나눠주시라"고, 그분도 생각나고, 청운
동에 있을 때 지나가다 스카프 벗어주시고 진짜 몸에 둘렀던 스
카프도 벗어주시고….

매일 일주일에 한 번씩 원불교에서는 집 밥 멕인다고 집에서
새벽같이 집 밥을 해가지고 오시는 거예요. 돌아가시면서 원불교
교당마다 오늘은 이 교당, 지역, 지역 해서 그 새벽부터 그 따끈한
밥, 국을 먹이시겠다고…. 근데 저 아침은 사실은 잘 안 먹는…, 전
부 다들 밥 먹는 거에 관심은 없는데 그분들 정성을 생각해서 눈
비비고 오늘은 밥 오는 날이니까 빨리 다들 일어나(웃음) 눈도 안
뜬 상태에서 감사하게 그저 그거 정성스럽게 준비해 오신 밥…. 그
래야지 그분들 또 오히려 저희가 그렇게 먹어주는 게 위안이 될 것
같아서 밥 먹고, 원불교 불당에서 저희 철수할 때까지 그렇게….

그리고 앞에 그 푸르메재단에서 저희 여름이니까 샤워하고 할
수 있게 화장실하고 샤워장 내주시고(한숨), 그 청년의사회에서 제
가 청운동 있을 때에는 많이 힘들었었는지 얼굴에 마비가 왔었어
요. 편마비가 왔었어서 침 맞고 매일 약 먹고 그래서 근 한 달 만에
그래도 빨리, 한 달 만에 그게 풀려가지고 그 의사선생님들 지금까
지도 광화문에서 그렇게. 한의사 선생님 도희 선생님이라고 "예쁜
도희" 제가 그러는데…, 그 도희 선생님 지금도 광화문에서 침 놔
주러 오시고 일주일에 자신이 정한 날짜에 양의사 선생님 최 선생
님, 너무나 많은 분들이 계셔서….

팽목에서 자원봉사해 주시던 ×× 씨, 또 얼굴은 [기억나지만] 내

가 갑자기 이름들이 [생각이 안나는데]. 또 그분들한테는 젊은 사람들이 "이 싸움을 그래도 여기에다 올인하고 있으면 우리도 나중에 더 이상 보기 힘들어지지 않겠냐"고 조금씩 준비해야 되지 않겠…, 여기는 우리가 이제 충분히 할 수 있으니까 저는 그게 또 필요하다고 생각해서 그래서 엄마들이 팽목에…. 주방도 빨래도 아빠들 가르쳐가면서 제가, 세탁기 돌리는 거, 청소는 일주일에 한 번씩. 화장실 청소하는 것도 경찰들하고 시청직원 시키기 시작했어요. "당신네들 돌아가면서 하셔. 우리도 할 테니까" 그래 가면서 그런 걸 자리를 잡아가게 만들었어요, 봉사자들 없이도.

"봉사자들도 이제 일상으로 돌아가서 자기 일을 찾아야지 어느 날 갑자기 가족한테만 올인하고 있다가 힘들지 않겠냐"고 그러면서 그때 정리를 시켰죠. 아빠들하고 얘기하고 엄마들하고도 의논하고 그렇게 차츰차츰 정리를 시켰죠. 그러면서 그 많은 자원봉사자들, 또 도보하면서 들렀던, 숙박하려고 들르고 식사하려고 들렀던 그런 분들 한 분 한 분들 얼굴이 많이 참 떠올라요. 평화누리교회 목사님, 사모님, 겨울에 저희 쉬게 해주고[던] 그분들도 생각나고…. 평택에 와락[심리치유센터], 쌍차[쌍용자동차] 그 가족분들 쉼터 거기서도 숙박하면서 저희 식사 대접해 주셨던 어머니들, 애기들 생각나고. 그런 분들 생각나죠, 다 감사하고.

면담자   어머니, 근데 궁금한 게 침 맞은 건 농성장에서, 청운동에서였나요?

| 웅기 엄마 | 네. |

| 면담자 | 어머니만 맞으신 거예요, 아니면 다른 분들도? |

웅기 엄마   다른 분들도 다. 매일매일 돌아가면서 당신 정한 요일에 오시는 거예요, 선생님들이 돌아가면서. 그래 가지고 이제 침 놔주시고 불편한 데 있으면 약 처방해 주시고, 약 처방 바로 받아서 약국 가서 당신이 약 사다가 바로 주시고.

면담자   지금도 그럼 어머니 광화문 가시는 날….

웅기 엄마   아니요. 지금 도희 선생님은 수요일 담당이시라고 하더라고요, 수요일 날. 근데 다른 선생님들은 최 선생님 같은 경우는 지금 청문회장에서 간혹 뵀어요. 근데 그분이 그때 당시 우리 현장 말고도 다른 농성장 이런 데 올라가시면서 "나 결혼 안 했다고 또 나더러 올라가라고 할 건데, 결혼 안 한 게 뭔 죄야" 이러면서(웃음). 그 말씀하셨던 게 기억나는 게…, 청문회 장에서 뵀어요. 요즘 가족들 근황 물어보시고 또 청운동에서 있었던 ☆☆이 엄마, ☆☆이 엄마, ☆☆이 엄마 건강 어떠냐 물어봐 주시고, 안산으로 다시 의사진 꾸려서 진료 한번 나올 거라고 말씀해 주시고 그러시더라고요, 가족들 건강 많이 안 좋다는 얘기 듣고 계시다고.

면담자   어머니 그때 마비 오셨다고 했는데 그게 갑자기 그렇게 된 거예요?

웅기 엄마   네, 어느 날 갑자기 일어났는…, 저도 모르겠어요.

웅기 엄마 윤옥희

어느 날 갑자기 이상한 거예요, 얼굴이 입술이. 처음에는 몰랐어요. 이게 감각이 있는지 없는지, 입술이 뭔가 이상한 거 같애요. 그래서 뭔가 '입술이 부르트려고 하나' 뭔가 2, 3일 지나고 그러더니 이렇게 만져보니까 감각이 없는 거예요. 그래서 이렇게 하니깐 얼굴에 감각이 없어요. 그래서 물어봤죠. 정혜신 박사님 계신 '이웃'[치유 공간 '이웃']에 한번 제가 그 전에 들렀던 그때 진료봐 주셨던 의사선생님, 한의사 선생님이 한 분 계신데 그 선생님한테 문자로 "얼굴이 이상한 거 같은데 입술하고 증상이 좀 이상하다"고. 처음 엔 버스 안에서 그랬더니 그게 일명 "약하게 오는 구안와사" 그 증상이고 심하게 비틀어지진 않았으니까…. 그래 가지고 청운동에서 침 맞으면서 한의사 선생님한테 침 맞고 양의사 선생님이 약을 지어다 주셔서 약 먹고 한 달 좀 지나니까 풀렸는데, 빨리 풀린 거라고 잘 된 거라고 말씀해 주시더라고.

면담자   그 외에 또 다른 데 아프신 데는 없으셨어요? 무릎은 아까 잠깐 얘기하셨는데.

웅기 엄마   다른 데는 지금까지도.

면담자   주로 한의원 다니는 편이신가요?

웅기 엄마   아니요. 제가 어깨가 너무 아파서 가다가 주저앉을 정도로, 에어컨 바람에도 지나가는 바람에도 대못으로 쑤시는 것 같은 느낌을 5월 말부터…. 그게 피크가 한 서너 달 후서부터 완전, 진짜 너무너무 [아파서] 가다가 이렇게 주저앉은 적이 몇 번 있었어요. 그거 때문에 동네 병원 몇 번 다녔는데 "오십견이냐" 그랬더니 "아니다"라고 그러더라고요. 오십견이면 흔하게 올 수 있는…, 어쨌든 침 맞고 물리치료 해야 풀릴 수 있는 그런 거라는데, 병원에서 아니라니까 한의원 다니고, 집 앞에 있는 정형외과 다니다 아니라니까, 둘 다 아니라니까 고대병원에 한번 왔었어요. 그랬더니 고대병원에서는 오십견이라고 딱 진단 내리고 "이 사건하고 관계없는 겁니다" 딱 그러더라고.

그다음부터는 병원 안 갔어요. 근데 그냥 '시간 지나면 낫겠지' 싶은 거예요. '그래, 오십견이면 어쨌든 내가 많이 움직이고 스트레칭 많이 하고', 그것 때문에 약 먹고. 근데 침 맞으면 선생님들이 그걸 염두에 두고 침을 많이 놔주셨죠. 지금도 어쩌다 광화문에서 도희 선생님 보면 "지금 괜찮냐"고 그냥 맨날 침 놔주시려고 그래 주시고 그러시죠. 지금 이제 많이 풀려서 다시 안 아프려고…, 한 번 오고 안 오는 게 아니니까. 이제 그거를 염두에 두고 또 다시 그렇게 아프면 안 되니까. 생각나면 하루에 한두 번이라도 어쩌다 한 번 가끔 생각나면 한 번씩 팔 돌려주는 운동….

11
아쉬운 점, 삶의 변화

면담자　　　어머니 지난 2년 동안 활동하면서 아쉽거나 후회되는 지점들이 있으신지요?

웅기 엄마　　　　후회되는 거는 없어요. 후회되는 거는 없고, 아쉬운 거는 매번 아쉬워요. 맨날 뭔가 행동 하나하나가 맨날 뜨뜻미지근한 거 같아서… 이도저도 아닌, 그래서 짜증도 나고. 뭔가 맨날 미흡해요, 맨날 아쉬워요. '왜 그때 그렇게 끝까지 못 했지?' 백일 때 도보 했을 때 그 비 쏟아질 때, 1주기 때도 마찬가지고, '이판사판 끝장내고 거기서 몇 명 죽어나가더라도 그때 왜 버티지 못했을까, 혼자 할 자신은 전혀 없으면서'. 그렇게 생각하면 혼자라도 해야 되는데 혼자로는 죽었다 깨어나도 못 하면서 '아유, 그때 조금만 더 버티지' [하고 생각해요]. 국회에서도 마찬가지, 광화문에서도 마찬가지. 1주기 때도, 100일 때 도보, 이상하게 그렇게라도 해야지 속이 좀 약간은 풀리더라고요. 몸을 괴롭히면 괴롭힐수록…. 비가 장대비같이 쏟아지는데 힘들지가 않은 거예요. 다리가 안 아픈 거야. 오히려 풀리더라고요. 그런데 어느 정도는 "잠깐 가족들 부스에 가서 잠깐 조금 있다가 잠깐만 쉬세요" 이런 순간에 그냥 그 대열이 와해되고 끝나고. 그런 게 매번 아쉬워요. 지금도 매 순간이 아쉬워요. '왜 이렇게, 왜 지금 이러고 있지, 왜 더 강경하게' [하지 않고].

　　학교 내주는 문제도 마찬가지고 그래서 이제는 학교 내주기로 협약식 했다는 거 그것만으로도 다 맥이 빠져서 '뭐 그거 하면 뭐 할 건데' 이 생각밖에 안 들어요. 다 내줬잖아, 다 끝내고 다 내줬는데 '뭐 추모공원, 말이 추모공원이지. 언제, 어느 세월에, 그것도 끝까지 밀어? 해주기야 해주겠지만 우리가 원하는 대로 해줄 것 같애?' 이런 생각밖에 안 들고. '이제는 다 끝나서 필요 없어' [하다가도] 그런데도 또 이나마라도 안 되면, 가정이 와해되고 [하니] 한 명이라도 내 머릿수[라도 채워줘야지 하고 생각해요]. 정말 보이지 않게, 정말 [아무것도 아닌] 내 존재지만 그래도 어떤 현장에서라도 원하는 간담회장에서라도 한 마디라도 모르는 분 있으면 알려드리려고 '그래도 해야지' 그냥 공적으로….

면담자   어머니 이사 후, 아무래도 활동 계속하시고 아드님들이랑 좀 더 자주 만나거나 하실 것 같은데, 이후 변화들이 있는지요.

웅기 엄마   네. 일단 가족들하고, [전에는] 3시간 걸려서 오는 데라 [이사하고 나서부터] 30분 걸려서 오는 게 좋긴 하더라고요. 그러니까 더 게을러지는 것 같고 그렇게 몇 시간 자고 막 6, 7시에 나가갖고 집에 오면 12시, 1시 씻고 자기 바쁘고…, 그렇게 바쁘게 움직였는데 지금 아무래도 가깝다는 이유로 약간 게을러지면서 나태해지더라고요. 그래서 좋고, 3시간 걸리는 거리 30분이면 움직일 수 있는 거리라서 너무 좋고. 아이들하고 더 자주 만나죠. 이제 아이들이 "엄마가 가까이 있어서 좋다"라는 얘기는 아직 들어보진 못했지만(웃음). 근데 사실 저희는 "갈까, 가도 돼?", 나도 마찬가지고 아이들한테 "아니, 오늘 일 있어" 아니면 "지금은 상태가 이러니까 다음에 보자". 저희는 말도 그냥 그렇게 쉽게 끝내거든요. 작은아들조차 제가 남양주에 있을 때는 그렇게 "엄마", 지가 먼저 "엄마 갈까?" 이렇게 한 적 드물었었는데 "요즘에는 엄마, 가도 돼요? 지금 밥이나 먹을까요?" 쉽게 되더라고요. 좋더라고요.

면담자   어머니 혹시 4·16의 경험이 세상에 대한 생각이라든지 삶의 변화나 영향을 주었다고 생각하시나요? 그렇다면 어떤 점에서 그렇나요?

웅기 엄마   저희 사건으로 인해서 거의 완벽하게 변했다고 봐야죠. 완벽하게 저의 삶도 바뀌었다고 봐야죠. 그 전에는 정말 그냥 정말 평범하게 일해서 열심히 일해서 먹고살고, 아이들 가끔 만나서 아이들 생각하고 아이들하고 그냥 그런 거, 정말 지극히 평범했었는데 지금은…. 그때는 사회나 정치나 경제에 대해서 아무 관심도 없었었거든요. 당장 내 문제가 아니었었으니까. 난 열심히 해서 내가 먹고사는 것만 벌면 되고 그런 거에 관심 없었다가 사건 이후로는 보게 되는 거예요. 그리고 그게 직접 내 일로 다가오게 되는 거예요. 우리하고 연관을 지어서 생각을 하게 되는 거예요. 5·18을 보는 시선도, 물론 그때 생각하던 거하고 지금 생각하던 거하고 또 달라지고. 지금 경제 문제도 사회문제도, 특히 사회문제에 대해서 다시 생각하게 되고 또 보게 되고. 노동자, 농민, 위안부 할머니들, 국정원 문제 요즘에 최고의 이슈인 가습기 살균제 문제, 이런 건 전혀 관심이 없었었거든요. 내 문제가 아니었으니까. 그런 거에 대해서 자꾸 집중적으로 보게 되고 느끼고 또 생각하게 되고 관심 가져지게 되고, 그렇다 보니깐 모든 게 정부를 향하게 되고 정부에 대해서 또 생각하게 되고 '이게 정말 국민을 생각하는 올바른 정분

가' 곱씹게 되고 생각하게 되고, 너무나 많이 달라졌죠. 180도 달라
졌죠.

면담자　　　　앞으로 삶에서 추구하고자 하는 목표가 있으신지요?

웅기 엄마　　　사실은 없어요. 진짜 아무것도 없어요. 하루하루, 그
냥 하루하루 버텨내는 것밖에 없어요. 제 스스로 어떨 때는 '너무
가식적인 거 아닌가?' 내가 지금 이 정도 마음이면 애하고 같이 살
았어야 되고, 그것도 아니면서 지금 그렇게 아파한다고 내 입으로
말하는 것조차 가식스럽게[가식처럼] 느껴져요, 제 스스로가. 그냥
앞으로 삶에 대해서 아무런 생각이 없고, 그렇다고 막 그렇게 힘들
어서 아파서도 아니고 그냥 모든 거에 대해서 무기력해졌다고 할
까요? 하다못해 지극히 먹고사는 문제조차도 관심 없어, 두 아이들
다 컸으니까. '지들 삶 지네들이 알아서 살겠지. 그만큼 컸으면 됐
어. 그리고 뭐 엄마가 있든, 엄마가 없어도 쟤네들 삶은 크게 달라
지지 않을 것 같다'는 생각이 들고…. 그렇다고 당장 내일 죽는 것
도 아닌데 살긴 살아야 되겠는데, 살아 있으니까 또 먹긴 먹어야
되는데, 그러면 또 벌어야 되는데 머릿속만 복잡하지 뭘 어떻게 해
야 될지도 모르겠고…. 그냥, 그냥 무기력해요. 생각만 하다 끝나
고 또 하루 지나고 생각만 하다 또 하루 지나고, 지금 그래요. 그냥
특별히 아주 뭐 그런 게 없어요. 아무것도 없어요, 정리되질 않아
요. 정리가 될 수가 없을 것 같애. 그냥 이러다가도 뭐 일해야 되면
일하겠죠. 먹고살아야 되니까 일해야 되지. 그러면서도 특별한 목

표도 없고 계획은 없고 그냥 그래요.

면담자   어머니, 바느질하시고 만드시고 하는 것들은 원래 관심이 있으셨던 거예요, 아니면 이번에 공방이나 이런 데서 배우면서 하시게 된 건가요?

웅기 엄마   그게 노란 리본 만드는 것부터 시작이 됐는데 솜 넣어 가지고 왜 빵빵하게 만들었던 그때, 순범이 어머니랑 광화문에서 처음엔 그냥 이렇게 노란 리본을 잘라가지고 코팅해서 그냥 그렇게 옷핀 다는 걸로 시작했는데…. 어느 분이 바느질 바구니 보니까 디자인이 그렇게 빵빵한 모양새 만들다가 거기서 광화문에서 어떤 분이 저기 어머니들…, 무료하게 앉아 있고 뭔가 마음을 다스릴 수 있는 뭔가, 그러니까 손수건에다가 수를 놓으라고 가져오셨어요, 처음에. 손수건에다가 "리멤버 0416" 그 수를 놓을 수 있게…. 그분의 바느질 바구니를 보니까 그 노란 리본 빵빵한 게 눈에 딱 보이는 거예요, 순범이 엄마하고 제 눈에. 그래서 "아, 우리 이렇게 만들어보자" 둘이서 그렇게 해서 거기서 시작이 돼가지고 청운동에서 본격적으로 시작이 됐죠.

노란 천이 없어 가지고 노란 우산을 찢어서 노란 천으로…, 그러면서 거기서 완전히 활성화시킨 거죠. 거기 앉아서 노란 리본 만들면서 오시는 분들 달아드리기 시작하고 오시는 분들도 같이 바느질하고 그게 시작이 돼서, 지금은 저는 안산에서 공방 프로그램 거의 참석한 게 없어요. 거의 바깥에 나가 있다 오고 또 집이 멀다 보니까 하려야[하려 해도] 할 수도 없었고. 그리고 현장에 나가 있는 사람들은 거의 뭐 그런 거 배울 기회가 없었죠. 마음만 먹으면, 하려면 할 수 있었지만, 지금 여기보다 간담회 나가는 거 더 [급하니] "우리는 나가자" [했어요], 나는 그래도 여기보다는…. 그래도 많은 부모님들이 또 그런 거 분위기를 아직까지 적응 못 하시는 분들이 계세요. 물론 가족끼리지만 아무 일 없다는 듯이, 물론 가슴 속에다 품고서 표시를 안 할 뿐이지…. 우리 아이들 얘기는 우리끼린 자연스럽게 되잖아요. 근데도 그게 힘들어서 공방에 못 오시는…… 그런 부모님들도 많이 계시잖아요.

면담자   어머니 그러면 반지랑 목걸이 같은 거는 그냥 배우신 거예요?

웅기 엄마   광화문에서…. 그게 매듭 선생님이 작년 엄마하장에도 하셨다고 얘길 하더라고요. 광화문에서 그분이 계속 했어. 우연치 않게 광화문에서 선생님이 지금도 그렇게 새벽 1시, 2시까지 계시면서 매일. 배우시겠다는 분 함께하시겠다는 분 있으면 같이 가르쳐드리면서 하시는데 우연치 않게 거기서 처음 인사를 드렸어요. 이렇게들 보면 하시고 다니고 막 이러더라고요. 그래서 어디서 배웠어. 나도 하고 싶은데 막 이러다가 보니까, 저도 아직은 사실 많이 배우고 완벽하진 않아요. 흉내만 낼 뿐이에요. 그냥 그래서 그분한테 몇 번 배운 거 그게 다예요. 몇 번 배우고 또 그러면서 그 선생님하고는 유일하게 그 매듭, 그 선생님한테 배워서. 집에서 아무엇도 안 하고 있으면 불안해요. 손으로 뭔가 하기는 해야 되겠는데, 그리고 하다 보면 아파요. 물집 잡히고 첨엔 물집 잡히는 줄 모르고 그냥 하는 거예요. 아파서 '아휴, 좀 쉬어야지' 그러고 낫다가도 또 가만히 앉아 있으면 불안해서 딴 거라도 또 하고 있는 거예요. 반지 만들었다 목걸이 만들었다 또 다른 거 했다가 아침엔 손이, 관절이 아파서. 그렇게 그냥 우연치 않게 그래서 나눔을 해서, 나눔을 하는 거죠. 옆에 분들 나누면 또 다들 감사하게 너무 좋아하시고. 저희가 맨날 드리는 노란 리본 식상하니까 그 노란 리본을 다르게 알릴 수 있는 방법을 고안해 내고 고안해 내고 하는 거죠.

면담자 어머니 혹시 오늘 빠진 이야기, 이 얘기 했어야 되는데 못 했다 싶은 거 혹시 있으신지요?.

웅기 엄마 선생님이 물어봐 주셔야 하는데, 저는 몰라요.

면담자 그럼 오늘 여기까지 하겠습니다.

웅기 엄마 감사합니다.

3회차

2019년 2월 18일

1
시작 인사말

면담자   본 구술증언은 4·16 사건에 대한 참여자들의 경험과 기억을 기록으로 남김으로써 이후 진상 규명 및 역사 기술에 기여하고자 합니다. 지금부터 윤옥희 씨의 증언을 시작하겠습니다. 오늘은 2019년 2월 18일이며, 장소는 안산시 단원구 4·16기억교실 교육장입니다. 면담자는 김익한이며, 촬영자는 강재성입니다.

2
반 대표를 맡은 이후의 근황

면담자   어머니가 2016년 5월에 구술하셨는데요. 지금 19년 2월이니 그 사이 한국사회에 여러 가지 변화도 있었고 세월호와 관련해서도 여러 가지 일들이 있어서 추가적으로 말씀을 듣기 위해서 이렇게 모셨습니다. 최근에는 어떻게 지내셨는지요?

웅기 엄마   운영위원회를 맡고 있으니까 3기 꾸려지기 전까지 일주일에 회의를 세 번, 네 번 할 정도로 계속 모여서 회의하면서 조금 바쁘게, 지난주까지 좀 많이 바빴습니다.

면담자   이번에 최근 유가족 총회로는 제일 많은 인원이 모인 거 아니에요?

웅기 엄마　　제가….

면담자　　실제로 한 110명 정도 나오고.

웅기 엄마　　네, 네.

면담자　　위임장까지 합쳐서 140 몇 명이라고 들었습니다.

웅기 엄마　　네, 많이 나왔어요. 그만큼 반 대표[를] 맡고 있는 사람들한테 계속 모여서 많은 분들 참석할 수 있게 해야 된다고, 그게 우리의 노력에 따라서 된다고 그래 가지고, 계속 그게 중점이었어요.

면담자　　분향소 없애고 지금 가협 자리로 컨테이너 만들면서 나오시는 인원이 줄었었는데.

웅기 엄마　　네, 많이 줄었어요.

면담자　　요 총회로 다들 '이제 좀 더 우리가 활기차게 하는 거다' 이런 느낌을 받으셨던 건가요?

웅기 엄마　　그런데도 평상시 대기실은 더 나아지진 않았어요, 사실은. 그런데 총회만큼이라도, 회의 때만이라도 많이 나오셨다는 것에 대해서 너무너무 감사하죠. 가족들이 관심 가져주고 계신다는 거에 대해서.

면담자　　4반이 엄청 단결력도 좋고 뭐 하면 제일 많이 나오는 반이거든요.

웅기 엄마　　　그래서 '최강 4반'이라는, 처음부터 지금까지(웃음).

면담자　　　특성이랄까 이유랄까, 그거는 뭐라고 생각하세요?

웅기 엄마　　　저는 반 대표를 작년 6월부터 맡아서요. 다들 너무 힘들어하고, 아무래도 어느 정도 하는 일이 힘들게, 많은 일을 하는 건 아니지만 책임감이 따르잖아요. 뭔가 이렇게 해야 된다는 거, 반 대표 하면. 그래서 처음에 1년 하시다가, 잠깐 하시다가 많이 바뀌었어요. 그래서 저희 4반끼리 "6개월에 한 번씩 돌아가면서 의무적으로 하자"(웃음) 그래서 제가, 저 전에 요한이 어머니께서 1년을 넘게 하셨어요. 중간에, 너무 오랫동안 하셨는데 누가 해주시겠다고 하시는 분이 없어서, 다들 힘들어하시고 몸도 마음도 다들 지쳐서.

　　　그래서 요한이 어머니가 잠시 내려놨다가 두세 달 동안, 또 도저히 안 되겠으니까 다시 맡으셨다가 그래서 또 안 되겠어서, 직장을 구해서서 직장 다니시면서 [어려워하셔서] 제가 그냥 스스로 "하겠습니다" 했지요, 작년 6월부터. "어차피 한 번씩은 해야 되는 거 제가 하겠습니다" [했어요]. 그때는 안산에서 안 살 때였고, "이제 안산으로 이사 왔으니까 하겠습니다" 해서 그때부터 반 대표 맡고 있으면서, 저희 4반이 초창기부터 굉장히 단합이 잘되는 반이었고 뭐든지, 어떤 모임이라든가 어디 가야 된다 이럴 때 4반이 단합이 잘되었죠. 지금도 잘되고 있습니다.

3
특조위 활동과 종료를 거치면서의 소회

면담자　　　2015년에, 앞의 구술에서 다 말씀하셨습니다만 그때 되게 어려웠어요, 15년 4월이면.

웅기 엄마　　그렇죠.

면담자　　　시행령, 그다음에 인양.

웅기 엄마　　네. 그 문제도 있었고.

면담자　　　2016년은, 구술하시던 시점에요, 굉장히 답답한 시기였어요. 2016년에 제일 두드러진 것은 역시 특조위[4·16 세월호 참사 특별조사위원회]가 불완전하나마 구체적인 활동을 시작하던 시기고, 구술하신 2016년 5월이면은 특조위 초기 활동 시기거든요. 그 이후에 특조위 활동과 종료의 과정을 거치시면서 어떠셨어요?

웅기 엄마　　정확히 기억이 안 나요 사실은(웃음). 그런데 선생님께서 말씀해 주시니까 그런 식이었었구나 하면서 조금씩 더듬어 보면, 뭔가 희망을 걸었었죠. 특조위가 시작이 되었고 조사만 하는, 단순한 조사만 할 수 있는 특조위였는데도 뭔가 제대로 될 줄 알았던 그런 마음이었을 거예요, 지금 생각하면 그때 당시. 그런데도 그때 꾸준히 저희가 집회를 했었던 것 같아요, 그죠? (면담자 : 네) 서울 가서 집회를 했었고 특조위 강제 종료의 시기가 다가왔을 때 시작도 안 하고, 해보지도 못하고 벌써 기한이 다 됐다고 종료

웅기 엄마 윤옥희

를 시키는 것에 굉장히 화가 났던 시간이었던 것 같아요, 그때 당시에.

　　그래서 정부청사 앞에서 농성했을 때, 저는 제가 굉장히 냉철하고 차분하고 굉장히 이성적인 사람이라고 생각했었는데, 제가 2년 동안 제가 변한 게 있다면 감정조절 못 하게 됐다는 거. 속상하면 속상하다고 소리 지르게 되고 말도 많이 없었는데 지금처럼 이렇게 말도 많이 하게 되고. 그때 당시 정부청사 앞에서, 그래서 유경근 집행위원장하고 저하고 구치소 가서, 잡혀갔죠. 경찰들한테 소리 지르고 물병 던지고 하다가(웃음) 잡혀가서 하룻밤 구치소 신세까지 진 적이 있었다는 것에 대해서 제 스스로가 굉장히 놀랍더라고요. 내가 이렇게까지 행동할 수 있는 변화된 모습이, 저한테 놀랐어요.

면담자　　2014년 우리 아이들 하늘로 보내고, 14년 내내 했던 것이 수사권과 기소권을 갖는 특별법을 제정하는 것인데.

웅기 엄마　　그렇죠.

면담자　　2014년 월 마지막 단계에, 뭐 8월부터 지리한 밀고 당김이 있긴 했습니다만, 결국은 유가족들이 수사권과 기소권을 포기하고 정치권에 양보를 해준 것이거든요. 특조위가 저렇게 무너져가는 것을 보시면서 그 당시의 결정에 대한 아쉬움이나 이런 건 없으셨어요?

웅기 엄마　　글쎄요. 왜 그렇게 그때 당시에, 그냥 조사권만 제대로 가져도 또 다시 희망, 뭔가 좀…. 저희 스스로 그걸 포기했다고 생각하지는 않거든요. 어쩔 수 없는 상황에서 그렇게 밀려서 그렇게 될 수밖에 없었던 상황이었고. 그래서 특조위가 제대로 활동을 하면서 뭔가 한 가지라도 제대로 된 조사만 됐었더라도, 한 가지만이라도. 또 다른 진실 규명의 시발점이 되지 않았을까 그런 생각은 하죠.

4
촛불집회와 박근혜 탄핵 과정

면담자 2016년에 특조위가 진행된 시기까지 박근혜가 정말 불통의 대통령일 뿐만이 아니고, 나중에 밝혀집니다만 기무사[국군기무사령부]라든지, 아직은 증거가 나오지 않았지만은.

웅기 엄마 그렇죠, 유언비어가 돌 때.

면담자 국정원[국가정보원]이라든지 정부부처들 통해서 끊임없이 세월호와 관련된 뭔가의 공작을 했고. 아, 해수부도 나왔었죠?

웅기 엄마 그렇죠.

면담자 11월인가 해수부의 문건이 나와서 조직적으로 특조위 활동을 방해했던 것을 우리가 알게 됐는데, 2016년에 그 답답한 시기에 어머니는 정부를 어떻게 생각하셨어요?

웅기 엄마   그때 당시에는 사실은 제가 개인적으로 크게 뭘 할 수 있는 시기도 아니었고요. 화난다고 말한다고, 뭐 지금도 마찬가지이겠지만 의견이라도 낼 수 있는 그런 시기가 아니었어요. 사실 매일 집회를 가고 움직이고 함께했었지만 그냥 가족의 일원으로, 머릿수 보탠다는 마음으로 항상 조용히 한 귀퉁이에 있었기 때문에. 그때 당시에 그 정부를, 그러니까 싸우러 나갔겠죠. 그렇게 답답하고 열불이 나는 것에 대해서 속 터지고 뭔가 밝혀지는 건 없이 계속 특조위도 방해해 가면서 자기네 여권 조사위원들한테, 그러면서 방해를 했겠죠. 그런데 그런 것 때문에 계속 나가고 집회 때마다 참석을 하고 함께하는 자리라면 어디든지 빠지지 않고 다녔을 거예요, 지금 생각하면. 그런데 특별히 제가 할 수 있는 건 없기 때문에, 가족의 전체 힘으로 보여줄 수 있는 것밖에 없기 때문에.

면담자   본래 투표하면 여당 쪽이셨어요, 야당 쪽이셨어요?

웅기 엄마   저는 항상 야당이었어요, 그때 당시에.

면담자   박근혜 정권에 비판적인 입장에 서 있으셨던 거예요?

웅기 엄마   그렇죠.

면담자   여당 지지하시고 권력 힘을 빌려 돈도 많이 버시고 (웃음) 이렇게 사시지 왜 계속 야당 지지하셨었어요?

웅기 엄마   어이구, 여당 지지한다고 (웃음) 제가 얻을 수 있는 이

득 같은 건 없었어요. 제가 열심히 일해서 제가 얻을 수 있는 건 얻는 거고, 여당이 되었든 야당이 되었든. 그렇지만 어쨌든 나라를 잘 이끌고 갈, 정치적으로 경제적으로 이끌어나갈 수 있는 그런 거는, 제가 5·18 그 당시에 80년대, 87년도, 90년도 그 사이에 그런 것을 조금은 알았기 때문에, 어쨌든 한편으로는 '내가 해도 나아질 건 없다. 나는 할 수 있는 게 없다' 이런 마음이기도 했을 거예요. 그런데 그나마 제 스스로 할 수 있는 게 야당 찍는 것 그게 최선이었죠, 저로서는.

면담자   그 시기를 거치면서 2016년 말에 드디어 청계광장에서 제1회 촛불집회가 출발이 돼서 엄청난 경험을 하시게 돼요. 촛불을 처음 보셨을 땐 어땠습니까?, 예를 들어서 '대통령 끌어내릴 수도 있겠다'라든지 아니라든지 이런 느낌이 좀 있으셨어요?

웅기 엄마   저는 1회 때, 청계광장에서 1회 했잖아요. 저는 개인적으로 갔어요, 그때까지는 가족협의회가 전체적으로 안 움직일 때잖아요. 제가 혼자 개인적으로 참석을 했어요, 개인적으로 참석을 하고.

면담자   그때 왜 가야겠다고 생각하셨어요? 다른 집회는 가족협의회에서 반별로 쫙 연락이 가니까 그래서 가는데.

웅기 엄마   그렇죠, 그런데 그때 당시에는.

면담자   가족협의회가 2회 때부터 참석합니다.

웅기 엄마   네, 맞습니다.

면담자   1회는 당연히 개인으로 나갔을 때인데.

웅기 엄마   네, 네.

면담자   왜 가셨는지?

웅기 엄마   언니랑 형부까지 "같이 가자, 거기서 만나자" [하고, 같이 나갔어요]. '뭔가 우리 문제뿐이 아니라 이 사회가 변화가 필요하다. 그걸 사람들이 좀 알아가는구나' 이런 생각을 했었어요. 그래 가지고 첫 촛불집회 하고 약간의 행진도 해가면서, 그때 당시 처음으로 "박근혜 퇴진해라" 그게 나왔어요. '사람들이 조금씩 뭔가 잘못되어 가는 걸 이제야 조금씩 알아가는구나' [싶었지요].

면담자   그 이후에 점점 세가 불어나가는 것을 보셨죠?

웅기 엄마   네, 봤죠.

면담자   태어나서 처음 보시는 걸 것 같은데.

웅기 엄마   그렇죠, 저 처음 봤죠. 그 전에 어렸기도 했었고 정치문제에 대해서 별로 크게, 아주 크게 적극적으로 참석하고 또 보려고도 안 했었어요. 일부러 찾아보고, 누가 얘기해 주지 않는 이상, 좀 사는 게 바쁘다 보니까. 핑계일 수도 있지만 나하고 상관없는 일처럼 그렇게 뉴스에서 들려주면 들려주는 대로 그냥 그렇게 살았었죠.

면담자   날이 점점 추워지는 한겨울에 드디어 100만을 넘어
서는 집회를 경험하셨을 때, 물론 집회 장소에서 유가족들이 제일
앞에 서 있었기 때문에 거기서는 100만이 모였는지 뭔지 알 수는
없죠. 어쨌든 나중에 TV나 이런 것을 통해서 확인하셨을 텐데 그
때는 느낌이 어떠셨어요?

웅기 엄마   한참 싸울 때 2년 가까이 싸울 때는, 그렇게 큰 촛불
집회 되기 전까지는 지지를 그렇게, 우리 전부가 잘못된 부분이 아
니고, 세월호 우리 가족들을 이해하고 지지하는 사람들이 그렇게
많이 계실 줄은 몰랐어요. 그런데 촛불집회가 횟수를 [거듭]하면 할
수록 저희를 보면서 그 많은 시민들이 지나가면 박수를 쳐주시는
거예요. 그래서 처음에는 민망하기도 했어요. "항상 왜 맨날 앞자
리에 서야 되냐. 그냥 우리도 중간에 은근슬쩍 티내지 말고, 유난
떨지 말고 대충하면 안 되냐" 이런 얘기는 저는 맨날 했는데, 그래
도 어쨌든 통솔을 하려면 그게 필요도 하니까 따르긴 따르죠.

그런데 저희가 갈 때마다 시민 분들이 광화문 광장에서 지나가
는 길에 양쪽으로 서서서 박수를 쳐주시고 "세월호 때문에 여기 왔
다"는 그런 말씀들도 해주시고 하는 것에 대해서 너무나 감사했고.
'우리 문제로 우리 아이들의 희생으로…, 우리 아이들이 희생됨으
로 인해서 이렇게 많은 사람들이 의식이 깨어났구나, 바뀌어가는
구나, 뭔가 잘못되어 가는 걸 이제서야 아는구나' 알게 됐죠. 너무
나 고맙고 감사하고 뿌듯하기도 하고.

면담자　　　세월호 참사 때 아이들이 수장되어 가는 걸 다 봤고, 그다음에 14년에는 분향도 하고 시위도 나가고 열심히 했던 사람들이 14년 어느 시점에 다 흩어졌거든요. 국민들은 세월호 참사가 사회적 참사이고 국가의 폭력임을 잘 알고 있었음에도 불구하고 16년 말까지 스스로 침묵하고 있었던 것에 대한 어떤 죄스러움 같은 것들이 잠재해 있었던 것 같아요. 저도 여러 번 경험했습니다만 유가족들한테 적극적으로 가서 인사하는 분들이 되게 많았어요. 고맙다고.

웅기 엄마　　　네, 네.

면담자　　　"당신들이 여태까지 꿋꿋하게 버텨줘서 결국은 촛불이 성립될 수 있었다" 이런 얘기들이죠, 저는 그게 사실이라고 보고.

웅기 엄마　　　불씨가 되어준 것 같은 느낌이 들더라고요.

면담자　　　촛불의 불씨 역할을 해준 유가족들이 촛불에 대해서 바랐던 점은 뭐였어요?

웅기 엄마　　　정말 순수하게 대한민국 국민이 아니라 유가족으로서는 이 많은 분들이, 촛불을 들고 계신 많은 분들이 우리 아이들의 희생에 대해서 진상 규명을 같이 외쳐줬으면 하는 거죠, 책임자 처벌을 같이 외쳐줬으면 하는 거고. 그러면서 더 크게는 이 정부의 잘못된 부분들까지 같이 드러낼 수 있는 계기가 되는 건데. 저희

순수하게 유가족으로서는 그거죠. 끝까지 우리가 싸우는 동안만큼, 우리가 못 하더라도 끝까지 진실 규명해 주는 것을 원했으면, 책임자 처벌을 끝까지 해주길 바라는 우리 같은 마음을 가져주셨으면 하는 그런 거죠.

면담자   그때 4·16합창단이 문화공연에 자주 올라와서 노래를 했었는데 그때 합창단 보면서 어떠셨어요?

웅기 엄마   (울음) 울면서 했고 저도 울면서 봤어요, 울면서 같이 하시더라고요. 저는 그때까지, 지금도 거의 그렇기는 한데, 지금은 그래도 간혹 가다 음악은 듣긴 하는데. 매듭하면서 집에서 고양이들하고 너무 적적하니까, 조용하면 그것도 불안하더라고요. 텔레비전을 24시간 틀어놓거나 음악채널을 틀어놓거나. 그때 당시만 해도 이 상황에 음악을 듣고 입으로 노래를 한다는 것 자체가 이해가 안 됐었는데 그거를 이 악물고 부르는 엄마들 보면서…, 보면서 울고, 노래 부르면서 울고 그랬죠(울음). 지금 생각해도 눈물이 나네요. 그 울던 엄마의 모습이 기억에 떠오르네요, 머릿속으로.

면담자   4·16합창단이 거기서 합창을 한다는 것은 촛불집회, 다시 말해서 당시의 정권을 부정하고 새 사회를 만들기 위한 100만이 넘는 시민들의 노력의 한 중심에 4·16 유가족이 존재한다는 것을 보여주는 것이겠죠. 그런데 참 답답한 것이 박근혜가 국회에서 탄핵 결정이 되고 헌법재판소에서 재판 결과가 나왔는데 거기서는 세월호가 빠졌었죠?

웅기 엄마   네, 인용이 안 됐죠.

면담자   그거 보시고는, 그때 어디 있으셨어요?

웅기 엄마   그때 거기 경복궁 뒤에 헌법재판소.

면담자   현장에 계셨나요?

웅기 엄마   현장에 있었죠. 국회에서 통과되는 날, 탄핵되는 날 봤고. 탄핵이 아니라 국회에서 뭐죠?

면담자   탄핵 의결이죠.

웅기 엄마   의결되는 날 봤고, 또 헌법재판소 앞에서 재판관의 판결되는 날 거기도 있었고 그렇죠, 그 자리에 있었죠.

면담자   어떻게 하셨어요, 엄청 우셨어요?

웅기 엄마   아니요. 처음에는 좋았죠, 드디어 박근혜를 끌어내렸는데. 우리 문제만큼은 인용이 안 되었다는 것에 대해서 또 한편으로는, 아직도 그거는 끝까지 가야 될 문제가 아닌가 생각하고 있습니다.

면담자   박근혜 탄핵 사유에 세월호 참사가 들어가느냐 마느냐는 그 이후의 수사와 관련해서 되게 중요한 이슈였음에도 불구하고 그게 빠짐으로써 유가족들이 헌법재판소 탄핵 인용을 기본적으로 지지하면서[도] 세월호가 빠진 것에 대한 유감 표명을 했는데 (웅기 엄마 : 네, 했어요) 문건을 발표하면서 엄청 울었던 모습을 제가 기억합니다. 그런데 원래 야당 지지자이셨기 때문에 큰 의심은 없으셨으리라고 보이는데, 그 상황에서 2017년에 문재인 정권이 선거를 통해서 탄생하지 않습니까. 그 정권에 대해서는 현재 (웅기 엄마 : 진행형이죠(웃음)) 어떤 느낌이셔요? 다시 말해서 이 촛불집회의 중심에 세월호가 있었고 그 귀결로 박근혜를 내렸고 (웅기 엄마 : 정부를 내렸고) 그 연장선에서 새 정부가 들어섰으면, 이 새 정부는 세월호 유가족 입장에서는 세월호 문제를 풀기 위한 정부이기도 한 것이거든요. (웅기 엄마 : 그렇죠) 그 점에서 볼 때 현재 시점에서 이 정부를 어떻게 보시는지?

웅기 엄마   저는 보통 주변에서 얘기 들으면 아주 답답해하고 잘못하고 있다는 얘기는 많이 들어요. 그런데 저 개인적으로는 '열심히 하려고 하고 있구나'라는 생각을 해요. 잘못한 게 진짜 한 가지 눈에 딱 두드러지게 보이면은 잘못된 거 하나만 도려낼 수 있지만, 잘못된 부분을 고칠 수 있지만, 너무나 속속들이 적폐가 쌓인 것에 대해서 아무리 새 정부라도 한꺼번에 이걸 해결할 수 없는 문제라고 저는 분명히 보고 있어요. 그래서 잘될 거라고 저는 믿어요. 이게 문 정부에서 안 되더라도 이미 국민의 의식이 깨어났고, 잘못된 것은 분명히 다른, 또 이다음에 문 정권이 내려오더라도, 다른 정부가 들어서더라도 끝까지 이거는 누군가 잘못하면 국민이 가만있지는 않을 거다, 이제는. 이 상황에서 저희와 같은 경우는 박근혜 정권 내리는 순간부터 저희는 안 내려졌으면 아마 완전 절망, 아직까지도 저희 광화문 네거리에 있지 않았을까 싶은 생각이

들긴 하는데. 일단 그렇게 안 할 수 있는 상황이 됐고, 뭔가 기대할 수 있는 상황이 만들어진 거잖아요. 자꾸 기대해 보고, 기대해 보고 말할 수 있는 그런 상황이 된 것에 대해서 그래도 저는 괜찮다고 봅니다.

5
세월호 선체 인양, 사참위

면담자   촛불집회가 막 진행되는 그때 배가 올라왔어요.

웅기 엄마   네. 그때 당시 저도 이제 배에서 같이 있었죠. 그[인 양하는] 배는 아니고, 우리 왜 지켜보고 있었잖아요, 해수부 배 하나 내준 거에 대해서.

면담자   그 배가 진도에서 목포 신항으로 들어오는 것을 해수부 배를 타고 유가족들이 직접 목격을 한 거죠. 어떠셨어요, 들어오는 그 광경이?

웅기 엄마   그 배 올라올 때 저희도 바다에 있었어요.

면담자   아, 인양 때.

웅기 엄마   네, 인양 때 바다 위에 있었고. 배 이제 목포로 출발한다고 해서 가족들이 다시 뭍으로 나와서 목포로 넘어온 거죠. 거짓말 같았죠, 세상에 저렇게 쉽게 올릴 수 있는 거. 그동안 자기네들 말로는 그만큼 시행착오를 겪어서, 그렇게 쉽게 할 수 있었을 거라고 생각도 들긴 하지만, 꿈같았어요. 저렇게 할 수 있는 일을, 쉽게는 아니겠죠. '저렇게 할 수 있는 일을 3년을 왜 그랬을까, 왜 묻으려고 했을까, 왜 안 하려고 했을까', '정말 정부가 바뀌어서, 정부가 바뀐다는 소리에 이 사람들이 해수부에서 정말 할 수 있는 걸 안 하고 이제서야 의도적으로 올렸나' 별의별 의심을 다했죠. 배 들어오는 거에 진짜, 바다에서 들어 올려질 때 꿈같았어요. '아, 드디어 올라오는구나, 올라왔구나'.

면담자   목포 신항에 누운 채로 거치가 되고 한참 뒤에 직립을 시켰어요. 육상에 거치된 상태, 그리고 직립되는 과정을 목포 내려가서 보셨을 텐데 그때는 또 어떤 느낌이었습니까?

웅기 엄마   진짜 겉으로 봐서 도대체 배가, 그동안 많은 유언비어가 있었잖아요. 저는 배 [바닷속에] 있는 동안 웅기 유품을 하나도 못 찾았었어요. 그런데 '배가 올라오고 거치되면 웅기 유품을 뭐라도 건질 수 있겠구나' 그런 생각을 많이, 처음 들었고. 그리고 '유언비어인 외부충돌설 흔적이 있지 않았을까, 그걸 눈으로 확인할 수 있겠구나' 하는 생각이 들면서. 또 저희가 4월 16일 날, 배 보면서 맨날 4월 16일인 거죠. 텔레비전에서 그 화면만 봐도 못 보고 채널을 돌리고, 지금까지도 자세히 못 보는데, 안 보는데 배를 직접적으로 눈으로 본다는 게 많이 힘들었죠.

면담자   안으로 들어가서 공간을 쭉 보셨잖아요. 그때는 벽

이나 이런 것들이 다 해체된 상태이기 때문에 "여기가 무슨 공간이었다" 이런 설명을 들으면서 보셨을 텐데, 웅기가 있었던 공간으로 추정된 곳도 가셨겠지요?

웅기 엄마   네, 갔지요. 웅기는 바로 좌현 쪽에 바다하고 제일 맞닿은 면에 있었는데 웅기가 그래서 막바지에 거의 유품이 안 나올 때, 17년 말에 유품 수색 종료할 때 결국은 캐리어가 다 뽀개져서 삭아서 없어져서 테두리만 남은. 거기에 교복 삭은 거 와이셔츠, 넥타이, 와이셔츠 안에 이름표가 있어서 고거 몇 개, 그리고 밑의 것은 다 없어진 거죠. 인양되는 순간에 오면서 빠져나갔는지, 흘렸는지. 그렇게 해서라도 찾을 수 있었는데 배 안에 들어가서 웅기가 움직였던 … 웅기가 아이들하고 묵었던 그 방. 그리고 29일 날 웅기가 나왔던 5층 로비 그게 그려지더라고요, 아이들이 있었을 법한 모습들이. 그래서 배 한 서너 번 정도 들어갔었나? 저는 엄마들한테도 계속 그랬었어요. "아프지만 눈으로 확인하고 봐야 된다. 엄마들이, 부모님들이 봤으면, 좋은 건 아니지만 봐야 된다, 머릿속에 기억해야 된다". 그리고 엄마들한테 마지막으로 방 내부 공개할 때 저희 반 엄마 못 들어가겠다는 엄마들도 데리고 가. '봐야 된다'고 생각했어요, 나도 봐야 되고.

면담자   배에 대한 공간은 엄마, 아빠들에게는 아이들 기억의 공간인데, 또 한편으로는 진상 규명의 가장 핵심적인 증거잖습니까?

웅기 엄마   그렇죠.

면담자   그래서 2017년에 선조특위가 구성이 돼서 선체 조사를 시작하지 않습니까?

웅기 엄마   네.

면담자   그런데 유가족들 입장에서는 1기 특조위에서 이미 조사에 실패한 경험들을 가지고 있거든요. 그래서 우려를 하면서 선조위[세월호 선체조사위원회]를 보셨을 텐데, 다행히 박근혜가 권력에서 물러나고 새로운 권력을 기다리는 그 순간에 선조위가 운영이 되었기 때문에 '박근혜 때보다는 낫겠다' 이런 기대를 하셨겠죠, 그런 상황에서 보신 선조위는 어떠셨어요?

웅기 엄마   그때는 내용을 올려줘도 제가 아무것도 안 하고 있었고, 지금도 마찬가지거든요. 임원들이 선조위를 담당하는, 아니면 "가족들이 선조위 해야 돼, 참석하자" 그래 가지고 주변에 쭉 앉아 있기도 했었는데 잘 이해를 못 하죠, 도대체.

면담자   우선 용어부터.

웅기 엄마   네, 네.

면담자   다 선박 용어들이니까.

웅기 엄마   구구절절 설명해 주지 않는 이상 저희가 이 내용을 파악하지도 못하겠고 들어도 알지도 못하겠고. 결론은 선조위 보고서가 양쪽으로 갈라져서[보고서에 채택된 '내인설'과 '열린안'] 할 수밖에 없었던 그 진통을 겪으면서, 그거를 눈으로 보면서 답답하죠. 참 답답한 상황이긴 한데 어떻게 할 수 없는 상황인 것 같기도 해요. 어느 한쪽으로 결론을 낼 수 없는, 누군가 책임을 지지 않으려 하는 그런 모습이 아니었을까.

면담자 　　　　불가사의하긴 합니다. KBS 뉴스에서도 방영이 됐고, 〈그날, 바다〉라는 영화에서도 그렇게 나왔습니다만 선체 화물칸에 있었던 자동차 블랙박스를 종합해 보니까 한 15도 정도 기울어져서 가던 배가 45도 이상이 몇 초 이내에 갑작스럽게 쓰러져 버린 것임이 드러났잖아요. 그것을 어떤 형태로든지 설명을 해줘야 되는데 설명을 못 하고 있는 상황이란 말이에요, 선조위의 보고서는. (웅기 엄마 : 그렇죠) 그것에 대한 전망이랄까, 어머니는 지금 어떤 생각을 하고 계세요, 뭐 여러 가지 설들이 있긴 한데.

웅기 엄마 　　　　'아직까지도 제대로 조사가 속속들이 이루어지지 않아서, 그 모든 내용을 다 종합적으로 검토가 안 되서, 조사가 안 돼서 자꾸 일부분만 가지고 요기 쪼끔 이거 쪼끔 이거 가지고 끼워 맞추려니까 안 되는 거 아닐까', '그만큼 누가 감추려고 하고 묻으려고 하고 그런 부분들이 있는 거 아닌가', '결국은 그 모든 속속들이 그날 있었던 모든 일을 다 내놓고, 아무리 방대하지만 그거를 다 종합적으로 검토하고 조사했을 때에 결론이 나오지 않을까' 이런 생각이 들어요.

면담자 　　　　선조위가 끝나고 결국은 그 선조위에서 조사가 충분히 되지 않은 부분, 제1기 특조위에서 조사가 되지 않은 부분을 더 조사하기 위해서 개념적으로는 제3기 특조위가 될 거고 (웅기 엄마 : 사참위[사회적참사 특별조사위원회]) 사참특위가 지금 가동되고 있는데, 사참특위도 수사권과 기소권을 갖고 있지 않단 말이죠. (웅기 엄마 : 그렇죠) 그런 사참특위에 대해서 어떻게 바라보고 계세요, 지금 막 초기 활동을 시작한 상태인데.

웅기 엄마　　일단은 예전 정부처럼 자기네가 정해진 시계를 기한이라고 정해놓지 않은 것에 대해서, 조사 시작하는 날부터 이쪽 사참위가 조사개시라고 말하기 전, 말하는 순간부터 조사시기라고 딱 정한 것부터가 바뀐 정부에 대한 쪼끔의 믿음이고요. 그리고 어쨌든 그동안의 자료만 가지고도 해야 되는 상황인데, 뭐 올라온 세월호 배도 있지만, 조금 더 세부적으로 조금 더 구체적으로 조사하면 뭔가 매번 할 때마다 조금씩 밝혀지고 나아지는 게 있지 않을까 또 희망을 걸어보는 거죠.

면담자　　같은 시기에 또 하나 주목을 했던 것은 화랑유원지에 조성했으면 하는 생명안전공원인데, 2018년이 됐음에도 불구하고 국회의원에서부터 지역주민들까지 정말 적극적으로 반대하는 것을 확인할 수 있었잖아요. 2018년 초에 주민들과의 대립 같은 것들이 있었는데 그거는 보시면서 어떠셨어요?

웅기 엄마　　이제 국조실로 넘어갔고 정부에서 해준다고 하고 시장님도 마찬가지고 말은 하는데 불안한 거예요, 저는. 사실은 아직도 매주 집회하시는 분도 있으시고. 총선 때, 대선 때 무조건 야당은 자기네가 "어떻게 뭘 하겠다"가 아니라, "어떤 마음으로 어떤 정치를 하겠다"가 아니라, 오로지 "화랑유원지 납골당 결사반대"만 가지고 그 프레임만 가지고 선거를 치르잖아요. 또 그럴 텐데 불안한 거예요, 불안한 마음이 저는 사실은 없지 않아 있어요.

면담자   새 정부가 들어선 상태에서의 작업이기 때문에, 아까 우리가 이야기했던 촛불집회에 유가족들이 적극적으로 나갔었다든지 등등은 '세월호 참사 관련된 일이 박근혜를 몰아내면 훨씬 더 잘될 것이다'라고 생각하고 하신 거 아니에요?

웅기 엄마   그렇죠.

면담자   그런데 정작 생명안전공원은 이전과 달리 착착 진행되는 느낌은 없거든요.

웅기 엄마   그러니까 어떻게 문 정부, 아까도 말씀드렸다시피 이 일이라고 쉽겠어요. 그냥 말 한마디, 그거는 진짜 독재죠, 예전처럼 하다 보면, 그러면 안 될 거고. 그렇다고 100프로 찬성하는 일은 없을 거예요, 모든 일이라는 게, 모든 행정이라는 게. 그런 거 저런 거 극복하고 무조건 해야 되는 일인데, 제 입장에서는 저희 입장에서는. 그러니까 조금의 불안감은 계속 있는 거죠. 정부가, 안산시가, 경기도가 그런 걸 핑계 삼아 자꾸 일을 미루고 그럴까 봐.

면담자　　　　시민들이 세월호를 통해서 성숙했고 또 촛불을 통해서 권력을 전복시키는 힘까지 보여줬는데, 이 생명안전공원과 관련된 사안에 대해서는 그런 시민들이 아니라 다른 종류의 시민들이 눈에 띄고. 그래서 사회 전반에 대한 약간의 실망 같은 게 있으셨는지를 여쭙고 싶습니다.

웅기 엄마　　　저희가 예전에 도보도 많이 하고 촛불 많이 갔지만 태극기 부대도 무척 많이 있다는 걸 저도 알고 있어요, 많이 부딪쳤고요. 지나가면, 행진하면, 여기서 도보도 세 번까지 했잖아요, 세 번씩이나 광화문까지. 그럴 때마다 욕하시는 분들도 많이 봤고 부딪치고, 분명히 그런 분들도 [있으니까]. 생명안전공원에서도 마찬가지예요. 다 찬성이라고 다 좋은 분들이라고 생각하지 않아요. 그런 분들도 계셔야 되는, 계셔야 되는 건 아니지만 있을 수 있다, 그래서 괜찮습니다.

면담자　　　　길게 보면 유가족들이 그동안 잘 견디고 일정 시기가 되면 성과들을 냈듯이 생명안전공원도 결국은 유가족들의 승리로 끝날 것이다 이렇게 보시는 건가요?

웅기 엄마　　　네, 잘되리라 믿어야죠. 되게 해야죠.

6
개인적인 소망과 앞으로의 일상

면담자   어머니 개인 얘기를 조금 드리면서 마무리하려고 하는데요. 이사를 언제 오셨죠?

웅기 엄마   제가 16년도 봄에 온 것 같아요.

면담자   16년이면.

웅기 엄마   3월 정도 초에, 2월 말인가?

면담자   딱 3년 되는 시기네요.

웅기 엄마   네. 그 정도 된 것 같아요.

면담자   유가족 활동하시는데 이제는 불편함이 없으시고, 예전에는 멀리 움직이시느라고 되게 고생하셨는데.

웅기 엄마   많이 힘들었어요.

면담자   이제 많이 정착이 되셨습니까?

웅기 엄마   네. 제가 그때 남양주에서 하루는 광화문, 하루는 안산 전국 버스투어 서명투어도 다녔지만. 그렇게 안 하는 날은 다른 일정 없는 날 광화문에서 매일 집회가 있었고 광화문에 천막이 있었고 하니까, 또 안산에서도 일이 있었고. 하루는 안산, 하루는 광화문 그렇게 매일 다니다가, 조금 더 가족들하고 한 번이라도 더 움직일 수 있는 건 내가 안산으로 가는 거다 그리고 안

137
•

산으로 온 거죠.

면담자   오시니까 편하고 유가족들이랑 같이 있으니까 힘도 나고 그러십니까?

웅기 엄마   네, 일단.

면담자   안 좋은 점은 없으세요?

웅기 엄마   안 좋은 점은 없어요, 아직까지는 없었어요. 아이들도 가깝게 해서 자주 볼 수 있고, 그리고 멀리 집에 가야 된다는 [생각이나] 차 놓칠까 봐 불안감 같은 것도 없고. 그때는 왕복 5시간 반, 6시간. 광화문을 나가도 그렇고요, 여기 안산을 와도 그렇고 그렇게 매일 움직였었거든요. 그런 시간에 대한 부담감 없고 지금은 언제든지 그냥, 그리고 버스 타고 집에 한 번에 왔다 갔다 할 수 있다는 게 좋고 그렇습니다.

면담자   웅기 어머니가 현재 반 대표도 맡고 있을 뿐만이 아니라 거의 모든 중요한 집회에는 빠지지 않고, 말씀도 많지 않으시면서 하셨던 대표적인 몇 분 어머니 중에 하나세요. '말씀보다는 몸으로 실천한다' 이런 거죠(웃음).

웅기 엄마   머릿수 채운다 그래요.

면담자   그래서 그런 질문을 드리고 싶은데, 결국은 어머니 삶에서 웅기를 위한 싸움이 가장 중요한 일이 되어 있는 것인데 그렇게 하시는 이유, 웅기에 대한 어떤 생각 이런 것들을 조금 편안

하게 풀어봐 주시죠.

웅기 엄마   솔직히 웅기가 아니었으면 제가 오늘 이 자리에 선생님하고 같이 앉아 있지도 않았을 것이고, 할 수밖에 없고 해야 되는 일이고요. 웅기에 대한, 제가 세상을 그래도 사건 나기 전에 50년 가까이 살면서 제 나름대로 굉장히 교만하게 살았던 것 같아요. 남한테 싫은 소리 한 번 안 들어봤고 참 인정받는, 그것도 인정이라도 큰 게 아니에요. 싫은 소리 안 들었다는 정도, 참 반듯한 사람, 착한 사람(울음). 그래서 제가 정말 그런 줄 알았어요. 그런데 어떻게 제가 그렇게 교만했을까, 아이도 내 손으로 끝까지 지켜주지 못했고 돌보지 못했으면서. 결국은 나랑 같이, 끝까지 웅기를 제가 보호하고 있었으면 이런 일도 안 일어났을 텐데. 아이에 대한 죄책감, 미안함 그거는 제가 죽는 순간까지 가져가야 되는 당연한 거고요. 솔직히 몰랐잖아요, 사회가 이렇게 병들어 있는 줄을. 그렇다고 제가 또 앞으로 살면서 얼마나 이 사회에 대한 사회 문제점에 대해서 크게 관심을 가질 수 있을지 모르겠어요. 그런데 지금이라도 열심히 뉴스 보고, 많이 언론이 변했으니까. 스스로 판단할 수 있는 생각은 조금 생긴 것 같아요, 기준이 생기고. 그래서 제가 할 수 있는 일이 있다면 해야 되겠죠, 끝까지.

면담자   지금 건강은 좀 어떠신가요?

웅기 엄마   괜찮습니다.

면담자   운동도 좀 하세요?

웅기 엄마　　　아니요, 운동은 특별히 하는 건 없어요.

면담자　　　　그래도 건강은 좋으시구나.

웅기 엄마　　　네.

면담자　　　　참 다행입니다(웃음).

웅기 엄마　　　(웃음) 병원 안 간 지가 한 6년 된 것 같아요, 소소한 것 빼고는. 청운동에 있을 때는, 제가 그때는 계속 움직일 때여서 많이 체력적으로 힘들어서 그랬는지 몰라도 구안와사라고 편마비가 왔었거든요. 한 달 가까이 약 먹고 치료하고 침 맞고.

면담자　　　　구안와사면 입이 돌아가 버리는 건데.

웅기 엄마　　　네. 마비가 그렇게 심하게는 아니고 감각이 없고 마비만 왔었어요. 지금은 소소하게 그 정도로, 크게 아픈 데는 없어요.

면담자　　　　구안와사 왔을 때는 아무래도 심리적인 스트레스들이 많은 영향을 미쳤겠네요?

웅기 엄마　　　네.

면담자　　　　상상할 수 없는 일을 당하시고, 그것도 청운동 천막 농성팀은 하여튼 엄청 고생을 했거든요.

웅기 엄마　　　저는 그때 당시에 그렇게 있었고, 처음에는 반별로 이렇게 매일매일. 그런데 저 같은 경우에는 처음부터 같이 있지는 않았고. 그러다가 어느 순간 저는, 그래도 저는 가끔 한 번씩 집에 갔었어요. 집에 가끔 한 번씩 가고 나머지 세 어머니들이 고생 많이 했죠.

면담자 　　　　지금 걱정이랄까, 고민거리랄까 그런 것들도 좀 있으십니까, 내일모레면 5주기예요.

웅기 엄마 　　　　네. 매듭으로 또 5주기. 작년에 4주기 작품 광화문에 전시되어 있는 나비 그거 했는데 올해도 5주기 작품 만들어보자고 해서 준비 중이거든요, 매듭으로.

면담자 　　　　요번에는 무슨 작품이 올라옵니까?

웅기 엄마 　　　　별을 만들어서, 304개의 별을 만들어서, 제 몫은 다 만들어놨고 다른 분들 열심히 만들고 계시는 중이에요. 그렇게 하고 있으면서 걱정되는 것은 사실은 이제는 안산 일이죠. 저희가 정부하고 싸울 일은 계속, 싸운다기보다는 뭔가 안 되는 문제에 대해서 이제는 정부가 말을 하면 들어는 주니까 그렇게 할 수는 있고. 그런데 안산에서의 일은, 생명안전공원은 잘 진행될 수 있게 하는 것. 그다음에 아까 저도 살짝 들었는데 가족협의회, 저도 그런 생각 요즘, 우리가 계속 회의하면서 그런 얘기[해요]. 지금 제일 큰 문제가 가족협의회가 잘 가야 되는 문제, 그게 제일 큰 문제죠. 정부하고 싸워야 될 문제는 그렇게 하면 되는 건데 우리끼리 내부적으로 많이 힘들어질 것 같은 예감이 드는 거죠. 더 이상 갈라지지 말고 다른 가족들이랑. 저희는 잘해왔다고 생각을 하거든요. 저는 여태까지 참 잘해왔다고 생각을 해요, 우리 가족들이. 그래서 지금처럼 잘되었으면 좋겠어요, 나빠질 일 없이.

면담자　　지금까지 유가족들 엄청났죠. 한국사회에서 단 한 번도 경험되지 않은 그런 사회적 실천들을 해오시면서, 말하자면 유가족들 스스로가 중심이 돼서 문제를 여기까지 풀어오신 거거든요, 대단한 일인데. 어머니는 저희가 진상 규명이나 어떤 안전사회와 관련된 기본적인 문제들이 풀렸다 그러면 지금 당장 하시는 일은 없어지는 거 아니에요, 어떠세요?

웅기 엄마　　그게 끝이 있을까요? 저는 끝이 없다고 생각해요. 계속 사건사고 일어나는 거 보면 아직도 많은 곳에서, 우리 문제는 계속 해야 되는 문제고요, 저희가 만족할 때까지. 저희 가족들이 "이 정도면 진실 규명됐고, 이 정도면 책임자 처벌됐어" 할 때까지 계속되어야 될 문제고. 안전사회를 위해서는 매일매일 사건, 사고 일어나잖아요, 안전사고. 그럴 때마다 정부는 또 법을 바꾸고 또 뭔가 대책을 세워서 뭔가 해야 되겠죠. 그럼 끝이 없이 나가야 될 것 같아요.

면담자　　진상 규명과 관계없는 어머님 개인의 꿈 같은 건 없으세요?

웅기 엄마　　제 꿈은…, 저는(웃음) 제 꿈을 이 사건으로 인해서 저는 참 나쁜, 좋은 꿈이었는데 나쁜 일로 이루게 되었어요. 제 소원은, 제 꿈은 제가 마흔 넘어서 배낭 메고 전국투어 하는 게 제 소원이었었거든요. 근데 이 사건으로 인해서 제가 배낭 메고(웃음) 2년, 3년을 전국을 돌았잖아요, 안 가본 데 없이. 걷고 걷고, 배낭 메고 차 타고 전국을 돌고. 그래서 제가 참사로 인해서 웅기를 잃음으로 인해서 제 꿈을, 그때 제가 그게 소원이었었는데 그 소원을 이룬 거에…, 참 마음 아픈 실현을 했어요. 그래서 특별히 앞으로는 뭘 해보고 싶다, 하겠다. 제 꿈이라는 게 뭘 해보고 그런 건 아니지만 특별히 없어요.

면담자 웅기가 살아 있을 때의 어머니 삶하고 웅기가 하늘로 간 상태에서의 어머님 삶은 확연하게 다를 수밖에 없죠.

웅기 엄마 네, 네.

면담자 과거의 일상으로 돌아간다든지 이런 건 있을 수가 없는 일이고. 그럼에도 불구하고 하늘로 간 웅기와 함께하는 새로운 일상을 만들어가셔야 되는 시점에 있기는 하거든요. 어머님은 지금 매듭을 하고 계신데, 집회나 시위가 다수 일어나지 않는 이 시점에, 말하자면 유가족들이 어떻게 서로 다독여 가야 하는가 같은 고민도 하셨을 것 같아서 그 점을 마지막에 여쭙고 싶은데요.

웅기 엄마 반 대표를 맡고 있으면서 어쨌든 매일매일 일이 있어요, 일정이. 그런 것에 대해서 일단 바깥에 나가는 일은 많이들 일상으로 돌아가셨잖아요. 또 가셔야 되고 생계문제도 있고. (면담자 : 직장으로 복귀하시는 분들도 있고) 네, 네. 또 아프신 분들도 많으시고. 처음부터 너무 아파서 힘들어서 못 나오시는 가족들도 있으시고, 저희 반만 해도 그러시고요. 다 나름대로 다 이해되고 그러실 수 있다 생각되는데, 매일매일 우리 가족들만이라도 일정이 있는 것을 공유를 하고 알았으면 좋겠어요. 거기서 힘들다고 아프다고 뭘 하고 있는지조차 알지 않고 넘어가는 것에 대해서 일단 우리 가족들만이라도 그걸 좀 알아야 되지 않을까. '아직도 이렇게 진행이 되고 있구나, 오늘은 이런 일이 있구나'. 이거를 좀 봐주셨으면 좋겠는 거예요.

면담자   웅기는 어떻게 나타나요, 요즘에는? 저는 평소에 꿈을 꿔도 꿈을 잘 기억을 못해요, 꿈을 안 꾸는 것 같기도 하고요. 그래서 상상이 안 가는데 어머님들은 꿈을 많이 꾸시더라고요. 어머님은 어떠세요?

웅기 엄마   저도 많이 꾸지는 않아요, 그것도 미안하더라고요, 내가 웅기 생각을 그만큼 덜 하는 게 아닌가. 엄마들 막 꿈 얘기해요, 어젯밤 이런저런 얘기 들을 때 있고. 그런데 제가 한 서너 번 정도는 꿨을 거예요. 그런데 항상 애기 때 모습만, 아기 때 모습. 그런데 그게 딱 "웅기다"도 아니고 그냥 우리 애기, 우리 웅기 이렇게 느껴질 정도로만. 그래서 그것도 미안하죠, 웅기한테. 그것도 미안해요.

면담자   여쭐 것은 다 여쭸습니다만, 한마디 남기고 싶으신 말씀 있으시면 해주시길 요청 드리겠습니다.

웅기 엄마   아무 생각도 안 하고 와가지고요(웃음). 저는 그걸 몰랐었어요. 웅기가 아이들 반 단톡방에 있는 것을 모르고, 웅기가 그런 메시지를 남겼는지도 몰랐어요. 그런데 그거를 체육관에 있을 때 큰아이가 어떻게 캡처를 해가지고, 큰아이는 이제 알고 있었던 거죠, 보여주더라고요. 그래서 나중에 알게 됐는데 '웅기가 참 잘못 사는 엄마에 대해서 큰 가르침을 주고 갔구나' 생각이 들었어요, 그 생각으로. 제가 예전에 어디 가서 한번 그런 얘기를 했는데 "네 말대로 숙제처럼 생각하고, 네 말을 숙제처럼 생각하고 엄마가 그렇게 열심히 바르게 착하게 사랑하면서 살게".

면담자　　　웅기가 단톡방에 뭐라고 얘기했어요?

웅기 엄마　　"사랑합니다, 여러분" 마지막 메시지더라고요(울음).

면담자　　　그 급박한 상황에서….

웅기 엄마　　웅기가 저한테 숙제를 주고 간 것 같아요.

면담자　　　키워드로 하자면 '사랑의 삶'이네요.

웅기 엄마　　그렇죠.

면담자　　　'아니, 하느님이 전지전능하시면 왜 우리 애를 데리고 갔어?' 특히 천주교나 기독교 신자들이 그런 생각들을 되게 많이 해요. 어머니는 어떠세요, 하느님에 대한 원망이나 이런 것들이 있으십니까?

웅기 엄마　　저도 초창기부터 그런 소리를 많이 들었는데, 이건 사람이 잘못해서 벌어진 일이고 사람의 잘못으로 인해서 이루어진 일인데 어떻게 하느님한테 원망을 할 수 있을까. 그런데 진도에서 우리 큰아이 같은 경우에는 아마 그런 마음이 조금 있었나 봐요. 저한테 내색은 안 했지만 그거를 어느 수녀님한테 얘기를 했나 봐요. 그랬더니 수녀님께서 하시는 말씀이 "하느님한테 욕하고 싶으면 욕하고, 소리 지르고 싶으면 소리 지르고, 화내고 싶으면 화내라"고, "하고 싶은 거 다 하라"고. 그 말에 큰아이가, 제가 그 얘기를 들어서 제가 앞서 그 말씀을 드린 건 아니고, 사람이 잘못해서 벌어진 일 가지고 하느님을 탓하면 안 되는 거고, 이 신앙적인 얘기는 아이하고 크게 해본 적은 없지만, 큰아이가 수녀님이 하시는 말씀을 듣고, 보통 수도자나 성직자나 종교인들 같으면 손 붙잡고 "기도하세요", 기도하면 좀 뭐, 이렇게 오로지 기도만 하라고 하는 것 자체가 더 반감을 사는 상황이 되었을 거예요. 그런데 그 수녀님이 "삿대질하고 싶으면 삿대질하고" 그 말에 오히려 더 예수님을 쳐다보게 되고 하느님을 쳐다보게 되고 기도를 할 수 있는 마음을 갖더라고요.

면담자　　　　여러 가지 설이 있으니까요. 천상에서는 지상이 잘 안 보이나 보더라고요. 어쨌든 웅기가 지상에는 없으니까 천상의 세계에 가 있다는 믿음 하나는 신앙인들이 가질 수 있는, 어찌 보면 가장 큰 믿음의 내용인데요.

웅기 엄마　　　그렇게 믿으면서도, 저는 그렇게 믿죠. 하늘 보면서 엄마가 주지 못한 사랑, 성모님의 품 안에서 성모님이 다 주시리라

믿고. 순간순간 화살기도[순간적으로 느끼는 점과 바라는 생각을 바치는 기도 형식]를 하면서도 한편으로는 나 편하자고, 내 마음 편하자고, 산 사람 마음 편하자고 그러는 거 아닌가 하는 생각도 들어요.

면담자   자책하거나 조금이라도 어머님 스스로가 마음이 편해지는 어떤 행위조차도 허용이 안 되는?

웅기 엄마   네, 안 되죠. 괜찮아요, 저희는 괜찮습니다, 받아들일 수 있어요. 괜찮습니다, 당연한 거예요, 그래야 돼요.

면담자   알겠습니다. 오늘 마지막에 좀 길긴 했습니다만 마음의 깊이 있는 부분까지 대화를 나눴어요.

웅기 엄마   고맙습니다.

면담자   적절하게 정리를 해서 여러 사람들이 공유를 함으로써 이 참사를 겪은 유가족들이 지금 어떤 생각을 하고 있는지 함께 알아볼 수 있는 기회를 만들어가도록 노력을 하겠습니다.

웅기 엄마   감사합니다. 말씀 편하게 하게 잘 이끌어주셔서 감사합니다.

면담자   고맙습니다. 이걸로 마무리하겠습니다.

웅기 엄마   감사합니다.

4·16구술증언록 단원고 2학년 4반 제6권

그날을 말하다 웅기 엄마 윤옥희

ⓒ 4·16기억저장소, 2019

기획 편집 4·16기억저장소 ┊ **지원 협조** (사)4·16세월호참사가족협의회
펴낸이 김종수 ┊ **펴낸곳** 한울엠플러스(주)
초판 1쇄 인쇄 2019년 4월 1일 ┊ **초판 1쇄 발행** 2019년 4월 16일
주소 10881 경기도 파주시 광인사길 153 한울시소빌딩 3층
전화 031-955-0655 ┊ **팩스** 031-955-0656 ┊ **홈페이지** www.hanulmplus.kr
등록번호 제406-2015-000143호

Printed in Korea.
ISBN 978-89-460-6729-5 04300
      978-89-460-6700-4 (세트)
* 책값은 겉표지에 표시되어 있습니다.